U0754504

我不要稳定地活着

小绾西

—著—

台海出版社

图书在版编目（CIP）数据

我不要稳定地活着／小绾西著.—北京:台海
出版社, 2019. 5

ISBN 978 – 7 – 5168 – 2338 – 5

Ⅰ.①我… Ⅱ.①小… Ⅲ.①成功心理 – 通俗读物

Ⅳ.①B848. 4 – 49

中国版本图书馆 CIP 数据核字(2019)第 076687 号

我不要稳定地活着

著　　者：小绾西

责任编辑：姚红梅　　　　　　　装帧设计：天下书装

版式设计：天下书装　　　　　　责任印制：蔡　旭

出版发行：台海出版社

地　　址：北京市东城区景山东街 20 号　邮政编码：100009

电　　话：010 – 64041652（发行,邮购）

传　　真：010 – 84045799（总编室）

网　　址：www. taimeng. org. cn/thcbs/default. htm

E – mail：thcbs@ 126. com

经　　销：全国各地新华书店

印　　刷：三河市人民印务有限公司

本书如有破损、缺页、装订错误,请与本社联系调换

开　　本：880mm×1230mm　　1/32

字　　数：145 千字　　　　　印　　张：7.5

版　　次：2019 年 6 月第 1 版　　印　　次：2019 年 6 月第 1 次印刷

书　　号：ISBN 978 – 7 – 5168 – 2338 – 5

定　　价：42.00 元

目录 Contents

第一章

· · ·

生命来来往往，
来日并不方长

我的人生，不想被谁定义

1

　　周五我在家休息，吃过晚饭后，几个亲戚来我家串门，他们问我这个时候怎么在家，我说最近休息。闲聊中，一旁的阿姨知道了我的工作，然后开始眉飞色舞地说什么女孩子不要想东想西的，这工作多好啊。

　　我正想开口说我要去辞职了，还没来得及张口，他们一群人就噼里啪啦地开始聊我的工作以及找男朋友、嫁人之类的事情，一辈子就这样给我安排得明明白白了。我就安静地坐着，听他们规划我的人生。

　　那是一群长辈，他们是经历了不安稳年代、遭遇过温饱问题、承受了很多不公平的一代人。我并不想与他们辩解什么，代沟实在太大。他们认为安稳是最大的幸福，可在这个迅速发展的时代里，有些安稳叫作平庸。

他们早就把我的人生给定义好了，以过来人的身份侃侃而谈，谈什么样的生活是最好的，什么样的工作是适合一辈子的，像个大编剧，把那些老掉牙的情节路线设定给我，结局惊人的相似，却不管演员是否想演。

2

我跟很多朋友聊过自由，大多数人都回答：我想离家远一点再远一点。

我们受够了那种规规矩矩的生活，按时吃饭睡觉，重复着相同的 365 天，恐惧几点干什么、几岁结婚、几岁生小孩的规律。

就像大家之前在朋友圈疯狂转发的一个演讲，在那个演讲里，教授用一分钟定义了同学们的一生，他不就是我们父母一辈最佳的代言人吗？而那个站起来反驳他的男孩，才是我们蠢蠢欲动的内心，他勇敢地说出了自己的看法，他告诉所有人："我希望你们可以创造属于自己的充满意义的人生，学会用这些去影响、点亮他人的生活，这才是真正的成功。"

井底之蛙的故事很多人听过吧？长期待在一个地方久

了，就认为这个世界便是如此。或许他们知道外面有更广阔的天地，却不想认清现实，还告诉懵懂的子孙那只是传说，以至于一代代都生活在那个小井底，活在自己的童话里，醉生梦死。我不是想用这个例子来讽刺长辈，来显得我有多么聪明，只是想提供一种不同以往的现代部分年轻人的一种观念。

3

更悲哀的是什么？是他们认为自己所做的决定都是对的是好的，以他们的角度来看，也确实如此。

我们就像站在两栋不同的高楼上的人，他们希望我原地待着别动，但我想过去和他们站在一起。我们之间隔着的不仅仅是缺乏沟通、缺少面对面敞开心扉的机会，更是彼此习惯性地以自己的角度考虑最佳方案，这样的话双方永远是正负极。

每当我鼓起勇气开口要谈的时候，无论开头如何美好过程如何顺利，结尾他们永远都在坚持自己的观点，最终不了了之，所以谈话注定失败。一次次一年年，长此以往，我再也没有耐心和勇气了。他们一点一点磨掉我所有的极限，将"弹簧"越压越低，迟早有一天"弹簧"的底线到了，会压不住反弹，到时候只会适得其反。

但是现在我能做的就是沉默，安安静静地听他们的指责唠叨，义无反顾地越走越远。既然你们已经觉得我们是不乖不听话会吃亏的孩子，那我们也没必要说什么"出去是为了更好的归来"，反正在你们眼里这些全是理由和借口。

4

如果你也有同样的体验，我想告诉你世界上根本没有两全其美的办法，不过是一方妥协一方满意，想让自己满意就别向谁妥协。坚持自己的内心，等待一个时机，和所谓的安稳说再见。我体格健壮，心智健全，人格独立，为什么要唯唯诺诺接受不甘心的安排？

谁也不是预言家，不能断定安稳的日子一如既往，也不能揣测未知的道路危机四伏，我们想做什么就去做，因为没有什么会比做自己喜欢的事情更加充满希望了。

《当幸福来敲门》里有一句台词：别让别人告诉你，你成不了才，如果你有梦想的话，就要去捍卫它。别让那些一事无成的人告诉你，你成不了大器，如果你有理想的话，就要去努力实现。

你的人生，只有你自己可以定义。

二十出头，让自己过得好一点行不行

1

今天我和室友去做指甲，最普通的那种纯色，居然要100元，一个字：贵！记得之前最贵的才只要50元，平时价格是30～50元。心疼归心疼，想想自己已经好久没有修理指甲了，就奢侈一回吧！

我知道每个地方的消费水平不同，对于某些城市来说100元算便宜了，但对于我们在的这种三线小城市来说真的不便宜。我主要是想来聊聊我的一个同事，对于她，100元钱可以用一个多星期。

2

同事叫喜儿，她是我们同一批员工里最有钱的，因为她的存款已经四位数了，而我们几乎都是月光族。

不是我们会花钱，是喜儿很会省钱。我觉得省钱是一个很好的习惯，因为未雨绸缪、居安思危是我们应该有的想法，不能仗着自己年轻就胡乱花钱，毫无节制地买买买。但喜儿省钱的方式不一样，她很少用支付宝支付或者微信支付，出门几乎全部用现金，她买早饭就带 5 元钱出去，而且和我们出去吃东西从来不付钱。有时候我们叫外卖，只要是她需要掏钱的，她绝对说不吃。

记得我刚刚认识喜儿的时候，我有一个月奖金颇高，于是请我们部门的同事吃烤肉，喊了她去，她说到时候回请我吃小龙虾，一直到现在都没有吃到。前几天她向我借洗发水，因为要放假了，她说省得浪费钱再买一瓶。

我是真的不想抱怨喜儿，我也不觉得节省是不好的，但是一个女孩子，能不能稍微对自己好一点？

3

我的室友和喜儿就截然相反，大家都是同事，领着差不多的工资，室友也在存钱，但该买的东西还是会买，吃穿的也不会亏待自己。

刚刚入住单位宿舍，第一次见到我的舍友的时候，我就觉得我的室友皮肤真好，又白又嫩。后来知道她一盒面膜 100 元，只有 5 片！当时真的吓我一跳，那个时候，对于刚刚实习的我来说，这种东西太贵了，用不起。而且她的衣服也好看得不得了，她的衣服不多，但是每一套搭配出来都非常有气质。渐渐相处下来，我发现她的生活是如此精致，于是我开始向她取经，注重护肤，买一些她推荐的护肤品、面膜，皮肤得到了很大的改善。

之前我的衣柜里，大部分都是买的很便宜的衣服，穿过一次就不想再穿了，明明质量不好，穿着很不好看但又舍不得扔掉。之后我就在心里暗暗决定，以后要买就买好一点的。和室友住在一起快一年了，我在她身上看到的是一个二十几岁女孩应该有的生活，积极向上，即便没有光彩夺目却让人很舒服，算是尽最大的努力，让自己过得最好吧。

4

从学校步入社会，消费观和眼界都会慢慢改变，一年时间的过渡期，我似乎也成了一个看起来很败家的姑娘。

20 元一贴的面膜，我现在觉得它一点都不贵，是最普通的那种补水面膜。上百的水乳套装对以前的我来说是昂贵，工作以后才知道那些都是必须买的。你想象一下如果用杂牌护肤品，第一效果不行，第二对皮肤不好，我是真的受不了大冬天的脸上脱皮，又疼又肿。

上学的时候，伸手向父母拿钱，花多了会有愧疚感，工作以后，自己要学会如何花好钱，工资应该平均用到各个地方。很庆幸，室友成了我参考的对象。我依样画葫芦地照着她学习，学习如何护肤，如何挑衣服，让自己过得稍微好一点，以至于现在的我不至于邋遢，偶遇老同学，也不用尴尬擦肩，更不用躲着走。

从前穿衣服尽量让自己穿得干净点，现在有赚钱能力后，尽量让自己穿得好一点。衣服是表面上的东西，很物质，但它给了我无形的底气和自信。

5

很多事情一旦沾上钱，大家各有自己的观点，这很正常。可我只想说女孩子别太亏待自己，请注意，在这里我不是教唆大家去花钱！如果你还是一个在校学生，我希望你多多看书，好好学习，不用太着急，以后有能力了慢慢来。如果你已经工作了，或者刚刚步入社会，工资不太会掌控，建议多关注护肤方面的视频和杂志，买稍微好一点的护肤品，挑选适合自己的质量好的衣服。

女孩子嘛，总要活得漂亮点。好看的时光又不长，对自己好点又何妨呢？

多年以后，你的梦想终于被别人实现了

1

　　我已经很久没有见小花发朋友圈了，我想那个爱笑的姑娘应该在国外的哪个州，大口地吃着饭，笑眯眯地称赞着房东的厨艺，用一口蹩脚的英语和国外的帅哥美女们聊着天。时间过去了这么久，她总算是过上了自己想要的生活。

　　两年前，我和她在微博上认识，年纪差不多大所以什么都能聊到一起。我不记得当时的自己是如何谈论未来的，却清楚地记得她的豪言壮志。她说她要出国旅行，最近正在自学英文，我当时就被她有条不紊的计划震惊了，毕竟对那个时候的我而言，出国是很遥远的一件事。

　　半个月后，小花在朋友圈里发了自己的自拍照，她说签证已经办妥，过两天就要出国了。

　　如今想起小花，还是会觉得她好勇敢，好独特。她跟我说："自己的梦想，不要被别人实现了。"

2

我问小花怎么有勇气一个人跑出去，她说："很感谢当时拼尽全力的自己，那个时候一个人默默顶住了很多压力，不敢抱怨也不敢退缩，无形之中像抓住了一根救命稻草，现在得偿所愿，像溺水的小孩浮出水面大口呼吸，得到了重生。"

人啊，总要有点野心，坚持一个看似无法达到的目的，不甘心不死心，才有那么点可能，支撑起遥不可及的梦想。

就像七堇年在《被窝是青春的坟墓》里所说的："我们要有最朴素的生活，与最遥远的梦想，即使明天天寒地冻，路遥马亡。"

我们都很普通，别把仅有的梦想拱手相让，那是我们在这个世界上最宝贵的东西。

3

半途而废是梦想的死敌。

人人都知道成功的路并不拥挤，因为这条路上的人总是越走越少，可能是因为太累了，可能是因为路不平坦。有很大一部分人走着走着就停下来不走了，殊不知半途而废跟没梦想的咸鱼一样，你从来没有上路，也永远不能翻身。

如果走向成功需要 100 步，而你走了 99 步后放弃了，那这和那些坐在原地的人有什么区别？不过是白费力气罢了。

很喜欢古典在《拆掉思维里的墙》里解释的"功亏一篑者"："他们总是努力到某个程度，却顽固地保留差一点就成功的努力，凡事都差了临门一脚。"这说的不就是千千万万半途而废的人吗？把梦想丢了，还一本正经地说："我的梦想被别人实现了"。

4

你有什么资格说那是你的梦想？醒醒吧，根本没有谁实现了谁的梦想，只有谁放弃了自己的梦想。

邻居家的姐姐跟我谈论她的音乐梦想时，我的第一反应也是遥不可及，但她做到了，加入了六面体乐队写词唱歌。这是我见证过的又一个拥抱梦想的人。她说音乐使她快乐。

现在的她也确实很快乐。如果哪一天她的歌火了，一定是因为她的坚持，一定是因为她从未想过放弃自己的音乐梦想。

机会总是留给有准备的人。有准备的人，时时刻刻在为梦想添砖加瓦，他们清楚地知道，梦想这座房子，不自建根本买不起。你想要有归宿，为什么不给自己建一座"房子"，即使风吹日晒都坚固如初的那种。

5

梦想很遥远，但这不是你没有实现梦想的借口。梦想可以有分支，可以把它变成一个个小目标。完成这些小目标，你就会离梦想越来越近。

没时间？不可能！时间都是挤出来的。没能力没智商？更不可能！一般人拥有的智力已经足够用来追求梦想了，这一切归根结底就是你没把梦想当回事儿。

做事情切忌不要半途而废，马拉松比赛中停下来走的人很多，但人人都清楚，到达终点才能心安理得地停下。

黑暗的尽头有光，想去看就马不停蹄地向它走去，即使那光忽明忽暗，你会迟疑，你会恐惧，但千万别停下，靠近它就会有答案。

人生在世，最难的是放开了做自己

1

古代有谏臣这一职位，唐太宗时有位非常著名的谏臣叫魏征，此人敢于进谏，丝毫不会因为皇帝的身份而包庇他的过错，也不像其他大臣一味地听从和附和。

正是因为像他这样敢说真话的人不多，所以魏征深得帝心。他去世时皇帝非常痛心地说道："夫以铜为镜，可以正衣冠；以古为镜，可以知兴替；以人为镜，可以明得失。我常保此三镜，以防己过。今魏征殂逝，遂亡一镜矣。"

很多时候，我们也许只是为了生计生存，迫不得已违背了自己。但时间久了，戴着的面具就不容易摘掉了，我们不知不觉会成了自己所伪装的那个人，再也放不开说话，放不开做事了。

有人说赚钱难，改变现状难，成为优秀的人更难，但我越来越觉得，最难的是放开了做自己。

2

青年作家蒋方舟曾在《奇葩大会》上讲述自己的讨好型人格，她提到被人喜欢的自己经常会覆盖一个真实的自己。

在人际交往中，我们很多人都会下意识地去顾及别人的感受，甚至尽自己最大的努力顺着别人，有时候会违背了自己的真实意愿，一出口就是恭维，一说话就是附和，久而久之便丢了那个能表达真实想法的自己。

良药苦口利于病，忠言逆耳利于行。后一句的意思是说忠言不好听，但有利于改正缺点。可是现在的人都不愿意听不好听的话，也因此不会去给别人提忠言，怕两人之间产生隔阂。

蒋方舟去了日本东京一年，在新环境中治愈了自己的讨好型人格，还讲起了自己回国后曾和一个前辈见面，不愉快后吵架的事情。她提到这件事的时候挺高兴的。看不惯别人，于是跟对方吵架了，其实是对自己的一种肯定。有些人在心里说对方有错，说千千万万遍，可从来不敢在明面上说，对他们来说，去吵架是需要巨大的勇气的。

她去做了，也找回了真实的自己。蒋方舟在结尾说了一段话非常准确，她说："真正能够欣赏到你的人，永远欣赏的是你骄傲的样子，而不是你故作谦卑和故作讨喜的样子。"大致意思是说与其磨掉自己的棱角去迎合别人，还不如放开了做自己，看不惯就说，甚至去吵架，畏畏缩缩折磨的只有自己。

3

放开了做自己并不表示嚣张跋扈，一点都不去顾及别人的感受，我们所提到的做自己，是在可理解的范围内，听从内心去表达自己。

找回真实的自己，首先要敢于承担后果，不怕和别人发生不愉快；再就是用你的善良宽容睿智指出你看到的不好的现象，和对方沟通。

就像是你和别人吵架，总是想着要赢，要把对方骂得狗血淋头说不出话为止，如果没达到这种地步，事后就会觉得这场吵架自己没有发挥好，其实人际交往亦是如此。如果你和别人约会的时候，觉得对方做的某些事情有错，想纠正对方，但为了顾及对方的面子你没有说，事后你一定会后悔自己当初为什么不说，会一直处于纠结的状态。

勇敢地迈出第一步，你会发现惊喜。成功跨出心里的那道坎，就如同堵塞的水管突然通畅了一样，让人心情愉悦。

我在知乎上看过一句话是这样说的：二十岁的时候，千万不要花精力和时间去犹豫和纠结什么选择是最好的，因为没有人知道，有想法就大胆地去尝试。

但过了二十岁，到了三十岁、四十岁的时候，我们要顾及更多的生活琐事，承受的人和事也越来越多，就越来越难放开做自己了。

但是我的同龄人啊，我想告诉你们，现阶段你们得记住的是：永远不要忘了做自己，也只有做自己才能凸显那个与众不同、骄傲自信的你。

今天都过不好的人，哪来的勇气说明天会更好

1

前几天怀左写作训练营结束了，我才猛然发觉一个月过得好快。纠结要不要报名的那个中午，就好像昨天一样，那天的各种担心，想想真的是没必要。一个多月前，

我的目标是 2018 年在简书上收获 2000 个赞。

训练营刚结束，这个目标居然已经实现了，才一个月的时间，有一点惊讶，但更多的是高兴。

2

我记得刚在简书写文章的时候，觉得 2000 个赞太遥远了，现在提前实现了目标，第一个感谢的人是怀左同学，进训练营后很多人喊他学长，我也就跟着这样称呼了。

一开始我特别忐忑，不知道学长的课程有没有用，我能不能学到东西，关键是我之前都不认识他，还特地去简书搜索了解了一番。最后我成了怀左写作 3 期训练营的 72 号学员，我现在很庆幸自己当时报了名，它真的让我在写作方面提升了很多。

没有开课前，学长说可以发之前的文章给他点评，我发了以后，学长特别认真负责任，居然开语音聊天跟我讲解。我不太记得那天具体聊了什么，但我确确实实在训练营里学到了很多东西。

从文章的排版到写法，我的文章在学长的指导下逐渐改善，我慢慢知道如何让文章井然有序，娓娓道来，开始反思和纠正自己以前的一些问题。最明显的就是文章的阅读量开始上涨，我在写文章的时候会尽量投入思考和走心两大主题，尽可能地引起读者的共鸣，从内到外提高文章的质量。

结果我在训练营的征文活动中获了奖，好多我不敢相信的事情就这样自然而然发生了，我想这都是机缘巧合加上努力的结果。

3

有句话说：师父领进门，修行靠个人。

在训练营的这一个月，我有很多次卡文，写不出了就有想放弃的念头，因为有时候真的很认真地听课了，就是无法理解运用，于是产生了烦躁情绪，可以说很颓废了。

那时候写不出东西来就去看书，看电影，出去走走，去感受感受外面的世界，感受感受身边的人和事，让大脑活跃起来。

写文章这种事情不能着急，要慢慢来。也许那时候就是我的瓶颈吧，熬过去后，得到的是一些意想不到的回馈。

当我的文章阅读量上了五位数的时候，我感到了满满的成就感，做自己喜欢的事情并逐步得到认可真的是太开心了。写文章的乐趣，无非就是有人喜欢有人欣赏，我现在的状态就是每发布一篇文章就可以开心一整天，就像以前考试得高分一样。

4

很多年前，我产生写作的念头，有很大一部分原因是为了得到稿费，因为那时候的我真的太缺钱了。现在回想如果没有赚钱这个念头的出现，也许就不会有现在的我。

那时候的坚持看上去是在做无用功，因为我从来没有得到过稿费，可是到了今天，我发现我为写作付出的努力，全部都是有回报的。

我现在对于写文章的看法和从前不一样了，毕竟我工作了，不缺那点钱，但是我觉得自己写的文章被认可，被采用，这很棒。

前几天在群里听一个叫小喵的作者的分享，感触很深。写作真的要坚持，之前我有好多次想放弃的时候，真的是硬着头皮在死撑。到今天我已经在写作中找到了乐趣，不出意外我会一直写下去。如果你问我坚持最久的一件事情是什么？我只有一个答案：写文章。

2017 年 10 月 8 日是我与简书的一个纪念日，那是我第一次来到简书的日子，我希望待在简书的时间越来越久，我的文章也可以越来越好。

5

每当我成长一点的时候，我就会给自己做总结，也算是为了鼓励自己坚持下去。

我常常问自己：我做了什么？我得到了什么？这是我写总结的原因，因为思考了这两个问题，我就会对自己有一个大概的了解，现在怎么样，以后又该怎么样。

最近我的简书粉丝突破了2000，这又是我的一个小成长。一路走来这些就像梦一样，突然就什么都完成了，这让我有点不习惯，因为一开始我对自己没什么信心，设定的目标都是最低标准。现在我尝试着让自己戴起皇冠，承受其重量，为美好的明天更加努力。

总而言之，做好每一天该做的事情，坚持下去，大不了就是大器晚成嘛。昨天唤不回来，明天还不确定，你能确有把握的就是今天。

很多人把期待放在明天，却不知道今天是决定明天的关键，只有那些过不好今天的人，才会骗自己说明天会更好。那么明天到来前，今天的我们一起努力好不好？

我们不屑与他人为伍，却害怕与众不同

1

我是 90 后，很多人在得知这个信息后，会不自觉地给我否定的高傲姿态，这种态度会透过评论传递给我。他们觉得我不配写东西给他们看，我比他们小，比他们少吃了几年白米饭，就应该规规矩矩喊他们哥哥姐姐叔叔阿姨，甚至笑脸相迎说着"谢谢批评，以后多多指教"之类的话。

这种情况要是放在几年前，我铁定会方寸大乱，觉得他们说的对，我是不是真的不够好？我是不是真的写得那么差劲？各种负面情绪，各种自我否定，也许我的梦想就这样被自己扼杀了。

我骨子里是特别较真的那种人，很多事情不是我看到的样子，就一定要跟对方解释清楚。

当我收到第一条否定信息时，我去解释，去回复，直到第二条第三条甚至更多，慢慢地，我发现他们只是在浪

费我的时间，我是怎么样的人根本不需要去和一些不相关的人解释。我就那样，你爱怎么想就怎么想吧！

2

　　石头缝里的种子发芽是奇迹，而开花需要各种坚持和努力。2011 年的时候我产生了写文章的念头，那是我最开始动笔写故事的时间，而到了 2017 年我才开始费尽心思地坚持写。这中间整整延迟了 6 年，根本原因在于我自身，别人给的否定都不足以让我放弃，是我自己不敢与众不同，不敢丢掉那些表面上的虚情假意。

　　那时候，当一个我行我素的人就是异类，嘲讽和窃窃私语会像病毒一样疯狂蔓延，密密麻麻地围在你的身边，让你觉得恐慌。

　　延迟梦想，你会遗憾吗？标题里的那句话出自《维罗妮卡决定去死》这本书，是对这些遗憾的正解。我想生命的意义不是重复单调的幸福，而是找寻自己真正的快乐，做喜欢的事情，过想要的人生。所以，我想当个我行我素的人。

3

我在简书写了十万多字，我把我的经历、我的想法、我的情绪都藏在里面，但是没有人了解我，其实我也不需要了解，只要有人能看懂我的表达，看懂我文字里的用心就好。

以前恨不得和别人通宵说个三天三夜，把自己从小到大所有经历的不愉快说出来，以为这样才能让身边人了解我，以便以后更好地相处。可慢慢地我发现，那些都是我费尽心思地讨好，尽力放低姿态对他们俯首称臣，只是希望我的弱小可以使他们得到优越感，他们一高兴就会拉我进他们的圈子。这种心理是典型的害怕被疏离，害怕孤军奋战。

我开始把那些经历，看作是我成长的一小部分，是这些让我和很多人不一样，让我变得独特。真正适合待在一起玩的人，不用找也会互相吸引。渐渐地我不再和那些同学成群结队地去食堂吃饭，相约着一起出去玩，不想做的事情也不会因为害怕不合群而逼迫自己去做，我开始遵从自己的内心，做自己想做的事情，没有人指引我，也没有人否定我。我的孤独，虽败犹荣。

4

想想现在我能写文章并且喜欢上它，真的觉得是一个奇迹，这个世界上的人有那么多，而我身边没有写作的亲戚朋友，独我一个，单凭这点我已经觉得自己是个挺与众不同的人了，我干着和身边人不一样的事情。

如果当初我没有脱离同学之间毫无意义的拉帮结派，好好看书，也许我会和现在很多的同学一样盲目生活，挣扎于眼前的一切，花光每个月的工资，完全不知道自己一天天干了些什么。

如今我一点都不害怕一无所有，因为如果把一个人的组成部分看成：躯体＋表面物质＋权力地位。除去表面物质和权力地位，只剩下躯体，部分人是没有灵魂思想的空壳，将会在这个世界上寸步难行，无法动弹。而这里突显出了与众不同的那些人，他们有滚烫的灵魂，会思考，会一如既往地探寻生命的意义。我庆幸自己在与众不同的道路上奔跑。

5

不屑与他人为伍，不等于能成为一个与众不同的人。

我不和一大群吵吵闹闹的同学成群结队，是因为和他们没有共同话题，时间长了以后，我就会发现一些和我一样喜欢看书的同学，他们跟我一样落单了。

我们从来没有一起去过食堂吃饭，但我们可以在课间聊读书心得，互借摘记本，我们也不是同桌，却会在任何见面的时候相视一笑。我们同等孤独，因为想做自己。

无论你在什么样的环境，做自己才是与众不同，给自己一个坚定的方向，默默努力。你可以停一会儿再继续，但不能偏离那个方向，遵从自己的内心，用力向前跑！

别害怕自己与众不同，任何一个人出名前，或多或少都被质疑过否定过，可就是因为跟所有人不一样，才有机会脱颖而出，不是吗？

谢谢自己的勇敢，然后继续跑吧

1

我高中的时候开始接触大量的课外书，像《青年文摘》《意林》《读者》这类型的杂志我也看了不少。

杂志里有很多写得很棒很有力量的段落，我当时还准备了一个小本子专门用来摘抄，也正是那些书和那些句子治愈了我，拯救了我。就像是打开了一个神奇的魔盒，我在里面发现了"新大陆"，里面的文章引发了我的思考，激发了我对未来生活的向往。更重要的是，它们使我用可描述的正能量视角来看待生活和境遇，很多看似复杂和难以逾越的关系，我都能在书里找到答案。正如那句话所说：你的气质里不仅藏着你擦过的口红，也藏着你读过的书。

文字和我的生活有着密不可分的关系。那些年，正是陌生笔者亲身经历的分享和感悟让我学到了很多东西，关于自省和成长以及惺惺相惜的仰望。

也许对很多人来说，看书不如打游戏、逛街、买买买让人心情愉悦，可那些都是暂时性的逃避，不能从根本上解决问题。

书籍像是我们心灵中的空调房，给我们的生活开启舒适的温度，同时是迷雾中亮着的灯，给我们方向和安全感。

2

那时候的我是一个内心很脆弱的人，对于一些不了解我的人来说，我看起来严肃、不爱说话甚至高冷，其实我是根本不知道怎么跟人聊天，怎么交朋友。所以我就看书，一本接一本，纯粹是为了打发时间，与其和不熟的人艰难地交往，还不如独自去看书，翻开书就是属于我自己的热闹世界。

当我每天沉浸在书中的世界里时，我的目标和美梦也随着出来了，我也想成为一名写作者，在现实中不爱表达、不善言辞的我，就这样确定了自己的梦想。其实这也可以理解为，你接触什么也会向往什么。

但我真正去写作是因为从小破败不堪的家庭环境导致的，我曾不止一次地想过逃离，离开那个使我窒息的地方。严重的时候我整夜整夜地失眠，闭着眼睛到天亮，想睡却睡不着的痛苦无人可说。那个时候年纪小，也根本不知道自己到底怎么了，因为害怕被同学们发现，每天还要假装自己很正常。

直到后来，上高中的时候我通过了大量的阅读，看到了很多有戏剧化经历的人物，躲在被窝里哭他们也哭自己，慢慢开始理解和接纳自己的不幸运，一次次把自己丢进熔炉里分解、重塑、慢慢锤炼到坚不可摧。

这算是我的成长过程，可能和别人不太一样。

3

至今为止，每当我对生活充满怀疑和否定的时候，我都会翻开高中摘抄的那个小本子看看，然后拿起书，给自己找点事情做。

我之前在微博上看到一句话：每天都是这样，被动崩溃，主动治愈，然后安慰自己明天就会好起来了。类似这样的话有很多，它们总是会在不经意间触动我。有时候会让我开始感慨人生在世，活着已经竭尽全力，但还好我们都不曾放弃追求幸福。

面对生活的残酷高压，我们能做的就是抬起头，一步一步地向前走。同时也要感谢自己的勇敢，感谢自己汗流浃背不辞辛苦的继续。人生路的每一步都不好走，但每一步都要走得骄傲自由。

最后，把曾经给过我力量的一段话也送给你：踌躇不前的时候不如先停一停，想想自己是多么勇敢才走到这里。要记得，翻山越岭后得到的喜悦一定比唾手可得的快乐更盛大。跟自己说一声，谢谢自己够勇敢，然后继续跑吧。

人海沉浮里，我们都在假装快乐

1

　　小时候有一个非常大的疑惑，一直困扰着我。为什么那些大人们看起来怪怪的？他们总是那么复杂和矛盾，说着言不由衷的话，讨好不喜欢的人。活得这么累，有意思吗？

　　等我自己长大后，我才终于明白了一个道理：人生来就是个复杂的矛盾体，上天给了我们无坚不摧的盾，也为我们准备了成千上万支锐利的矛。

　　几乎每一个平凡普通的人，长大后都要承受各种各样的压力，有些人承受不住整天愁眉苦脸，有些人选择性遗忘整天嬉皮笑脸。因此，我发现很多人，都在假装快乐。

2

　　我是一个话痨，而且特别逗的是我老爱问为什么，还是刨根问底的那种。

遇到美食我一定会极力推荐给身边的人，我的朋友们每次都会对我说："你都可以为它代言了。"

还有很多人说我是不是傻，整天就知道傻乐？我会回敬她们一阵笑声，然后我们就会一起大笑了起来。我有一种能力可以让身边的人开心起来，因为低气压的氛围我真的待不下去。

傻就傻吧，你们开心就好。热衷让别人开心，是因为自己也会开心。也许很多事情笑一笑不能过去，但是笑着面对或者哭着面对，总要面对的，为什么不让自己开心点呢？

反正没心没肺是我的代名词，别人可以随便说我，我还是会一如既往地笑给他们看。如果遇到点事情就难过得不行，那还要不要活了？

3

很多人不明白为什么我整天嬉皮笑脸的，为什么常常忽视问题的重要性，为什么死到临头了还笑得出来。

我的答案不是笑一笑十年少，而是所有这些年，任凭我怎么哭怎么折腾都无法改变的经历，使我终于明白很多事情是无能为力的。

如果有转机，它自然会蹦出来，如果必然失望，我凭什么要消耗体力伤心难过？以前我但凡遇到点事情，就惊恐就害怕就以为天要塌了，我要被砸了，渐渐长大，明白天不会塌，人不会轻易死，何必杞人忧天。

我假装快乐，是不想生活充满着负能量。阴暗发霉的地方会有越来越多的细菌滋生，而阳光铺洒的地方是一望无际的希望，即使眼前什么都没有，可让人感觉，仅仅是那些光亮就可以让人看到胜利的前兆。

4

我在《因为贫穷，我获得了飞速成长》中写过自己的经历，那是我最不快乐的日子，回忆起来依然是噩梦般的存在，所以现在的我努力让自己快乐。

我害怕负能量的袭击，害怕铺天盖地的阴暗把我囚禁，更害怕身边的人和我那时一样孤立无援，苦不堪言。用死里逃生来比喻的话，重获新生的我才如此热爱现在的生活。

我以前摘抄过一句话，放在这里再合适不过：最孤独的人最亲切，受过伤的人时常笑得最灿烂，因为他们不愿让身边的人承受和他们一样的痛苦。我深切体会过那种压抑，像是掉落悬崖的惊恐无助，又像是溺水的窒息，反正这世界任何一种死亡方式都与它贴切。我不希望任何人去体会这种痛苦。用快乐击退它们，是很好的必杀技。

5

　　保持快乐，真的可以远离负能量。

　　别总是唉声叹气，生活是一如既往的美好，它从来没有变过，变的往往是你的内心，你对待生活的态度。

　　摸箱子的游戏相信很多人都知道，它放大了人们的内心。箱子里面明明装着塑料玩具，可遮住了让你去摸，你内心深处的恐惧就会被逐渐放大，抖着手不敢伸进去。一掀开遮挡布，其实里面什么恐怖的东西都没有。

　　生活亦是如此，很多时候都是我们自己瞎操心，都是自己给自己设置了屏障，遇到事情还不如高高兴兴地迎接，不管是什么，好的坏的总有退路。即便是悲剧也不会因为你的眼泪而改写，为什么要哭个不停呢？喜怒哀乐是每一个人都有的生理反应，你可以难过、可以哭，但那些走个形式就好了，别过多在意，对身体不好。

　　即使是假装快乐，也比那些整天愁眉苦脸的人好太多，人们都喜欢接近欢声笑语，你的困惑、你的难过，其实真的没什么人想听。

害怕失败的人，什么都不敢尝试

1

我上个月辞掉了工作，大家都说这份工作很好，都不明白我为什么做这个决定。从我决定离职开始，就有很多人不断地向我陈列这份工作的优点，好像我要辞职就是愚蠢至极，就是个冥顽不灵的傻子。

太多人的不看好、不支持，让我很害怕，很迷茫，差点动摇自己的决心，怕新工作没有这么好的待遇，怕去了新环境不适应，怕新工作没有自己想象中的那么好。可转念一想，那些我都没有经历过，怎么就那么可怕了呢？我又给自己陈列出了原工作的各种坏处，那些每天每夜折磨着我的烦琐和不甘心，我不想再重复经历。最终，我如愿离职。

相信很多人都有过那种感受，当你决定放弃一份别人眼中很完美的工作时，会经过一系列的犹豫、纠结、惶恐不安，最终有的人继续和原来的工作相爱相杀，而有的人去做自己更喜欢的工作了。

2

　　现如今，我已经适应了新工作，它并没有我想象中那么可怕，它比原来的工作更适合我。我想起了一句话，放在这里再贴切不过：感到害怕就对了，因为你正在做勇敢的事。当时，我就是念着这句话，坚持了自己的决定。

　　我从来不是一个聪明的人，也不是一个特别有主见的人。因此我做任何事情都需要被肯定，需要别人给出建议，需要别人指点迷津，可这一次，我克服了自己的不安，在众人的劝阻下毅然换掉了工作。

　　其实，害怕谁都会有，你不敢去做，不敢跟着心走，说到底是你害怕失败，害怕结果与你预想的相差甚远。你每天都是思想上的巨人，行动上的矮子，看似永远不会失败，却不知已经败得一塌糊涂。

　　王小波在《一只特立独行的猪》里写道：我倒是见过很多想要设置别人生活的人，还有对被设置的生活安之若素的人。这两种人都一样，害怕接受新事物，宁愿守着毫无意义的生活反反复复也不敢踏出去一步。哪怕你走一步出去看看，外面是不是真的容不下你，或者说是你不愿意融入外面的世界。

3

大家都知道一句话叫"失败乃成功之母"。我以前不能深刻理解这句话的意思，现在才明白其实它表达的意思很简单，只要你一直去尝试，即使会失败，但一直都没有停下，在失败的道路上积累成功的经验，那你离成功还会远吗？

人之所以失败，就是因为他去行动去改变了，也正是因为这失败才让我们慢慢接近成功，但如果你连失败的勇气都没有，又何谈成功。当我们对一件事情没信心、没把握的时候，会感到害怕，克服这种情况唯一的方法就是迎难而上。

这种害怕相当于面对上学时候的考试、求职时面试重要的工作。我们怕考不好，怕得不到工作，内心非常惶恐，可即便再惶恐我们也会努力做好，不论结果怎样，我们走的每一步都应该由我们掌控着。

4

其实生活里有很多的工作者，在遇到领导分配的一项高难度的任务时，往往会感觉自己完成不了，于是会告诉领导你不会，让领导找别人去做，这样的话必然会失去原本属于你的机会。

所以你们看，成败都在我们的一念之间。人不是生下来就什么都会，什么都很熟练，正因为不会才更应该去做，而不是说面对你不熟悉的东西，就去逃避，就把它交给别人来做。

我很喜欢村上春树的逆向思维，他每天坚持跑步，遵循"今天不想跑，所以才去跑"的方式，如此一来，就没有不跑的时候了。把这个逆向思维放在我们的各种决策上也同样适用。尝试各种各样的新领域会使我们不断进步，相反，你害怕去接触新事物，只会让你一直退步。

不满足于现在，也不盲目展望未来

1

我是 90 后，三天两头会焦虑不安，身边的朋友说他们也是如此。焦虑总是很突然地就入侵我们的生活，它们躲在角角落落里，像胜券在握的杀手，随时准备干掉我们。想来想去，我们就是不能闲着，一放松就会胡思乱想，觉得自己很没出息，一天天的不知道在干些什么。

说到底就是不满足于现在，也看不清将来。焦虑、失眠、抑郁，分别好比起因、经过、结果一样的排列顺序，无可避免。

2

失眠的时候，我们在想什么呢？

关灯，放下手机，一闭上眼睛就像踏进了另一个新世界。明亮刺眼的空间里没有任何人，连影子都不会出现，只有自己和无边无际的孤独，只能自己和自己对话。争执、发怒、撕扯，直到筋疲力尽，好像要宣泄掉所有的情绪，分裂成两种人格，互相扭打在一起，直到崩断最后一道防线后在夜深人静的黑暗里痛哭，懦弱得不堪一击。

第二天早上，成了失忆者躲进人群里一言不发，假装若无其事地去上班、生活，可眼睛的酸痛实实在在。

不能反抗，无力逃脱，想要退缩。难道生活就不继续了吗？这个世界很挤，你不走，周围的人也能推着你往下走。

累，特别累。

3

　　我有时候在想，为什么自己不能是一只狗、一条鱼甚至是一棵树？我的人生到底有什么意义，是来体验一把人间浩劫，然后默默死去吗？

　　不是，借用胡歌的一句话：我要在死亡的阴影里热烈地活着。我们没经历过死亡，但对抗过黑夜。众人面前的我们年轻、欢乐、朝气蓬勃，那是赢过了黑夜，在阳光下充满能量的我们，即使焦虑不安，也从未停下脚步。

　　有时候把自己数落得一无是处，只是想逼自己再坚持一下，把那些不能说的压力转化为动力。如果因为我们自己数落自己就说我们会慢慢自甘堕落，那很抱歉了，即使我们不甘心不快乐但是也不会放弃。即使今晚、明晚的黑夜不能逃脱，但我们也会在阳光灿烂的那个时刻笑得很热烈，即便是下雨天也没关系，对我们来说那也是浪漫的雨天。

　　想起之前我看到过的一段话：收放自如的人生，独具慧眼的爱人，以及肆意的财富。这个总结很到位，人生目标就需要这三样。假如以上的一切是将来的你会拥有的，那此时此刻的一切都可以继续忍受下去了吧？望梅止渴是精神上的一种慰藉，当然你想着前面有梅子，但是也不能光想着，要一直朝它走啊。

4

焦虑让人抓狂，但你充满了野心。

《心灵捕手》里的数学天才威尔，长期活在童年的阴影里，长大后抢劫、偷窃、袭警入狱。他不明白自己每天都在干什么，浪费天赋，作践自己，直到遇到了心理教授尚恩，才慢慢打开心扉，学会爱，学会倾诉，找到了人生的意义。

尚恩看着威尔的眼睛一遍遍地说：It's not your fault（这不是你的错）。击败了威尔的最后一道防线，两人拥抱在一起泪流满面。

这不是你的错。

我们平庸无奇，没有天才般的脑子，没有过上美好的生活，这些不是我们的错。想不通的时候，不妨跟自己说一句：It's not my fault！我们只是一个普通人，心怀梦想不代表损耗生命，有时候可以卸下一切伪装，放轻松，享受墙外的风景。

要努力，要成功，更要好好爱自己。

当热情褪去，你是否还有勇气继续前进

1

如果你问我，会不会坚持写作，一直写下去？

你问一次我回答一次，我会的。但其实，之前很多时候我都在怀疑自己是不是能走写作这条路，我也经常想起刚开始写文章的那段日子，那时候我什么都不会，什么都不懂，对写作的认知就是文字集合体。

那时候可以说只有一腔孤勇，但是没有人能挡住我想闯出一片天的决心，毕竟人类最大的武器是豁出去的决心。刚开始我每天都是热情满满的，每天睁开眼脑子里想的都是码字码字，对文章数量的要求是每天一篇。看到征文就参加，也不管它是什么类型，实在没东西写，在橘子旺盛的季节，就给橘子打广告，讲自己如何喜欢吃，它的营养成分怎么怎么样。

但最终换来的是阅读量平平，文章无人问津。看着几百个赞（大部分是朋友给我点的）还能安慰自己没关系，写就是了，迟早会有伯乐出现，如今回想起当时的状态，却悲哀地发现怎么都找不回来了。

2

当热情褪去，还有勇气继续前进吗？

说真的，我没有。勇气这东西吧，我感觉跟天生的差不多，你要是打小就胆子不大，勇敢的时候肯定都是赶鸭子上架或者被人哄着去做的。

热情褪去后，我就像是破了洞的热气球，飘忽不定，随时准备坠落身亡。刚开始的状态就是不怕死也不怕坠落，还每天都想着往上升，积极、热情、盲目乐观。但是突然有一天就被人戳穿了，然后信仰和希望一下子就崩塌了，我开始怀疑和恐惧，一下子懦弱起来。

这就是我现在的状态。

通过别人的戳穿，认清自己与它的距离，没有勇气写下去，知道的东西越多，真的越不敢去做了。原本一天写一篇的小目标，现在会想很多，会想应该多少字一篇，怎么写才好，我写这些是为了什么？没有回答，没有方向。

每天都在自我否定，刚动笔就被各种各样的理由阻挠，我发现我陷入了死循环，一直在写和写不好这两种思想中作斗争。

3

　　我想写，却不敢写。

　　想起我高中动笔写长篇的时候，在本子第一页摘抄了一句话：我们有天赋却不安心，够努力却不甘心，永远在寻找，永远在担忧。那时候我并不太懂这句话什么意思，就觉得作者很厉害，能写得出这样押韵的句子。

　　现在看起来，它概括了我们大部分人的状态，明明可以去做好，却畏畏缩缩不敢做，到最后，我们可能因为各种原因没有成为想成为的人，但绝对不是因为不够喜欢这件事。内心深处还是热爱它，却始终没有豁出去。

　　想起《孤独小说家》那本书的主角青田耕平，笔耕不辍十几年，在最黑暗最绝望的时候，依然坚持创作，四十岁的时候终于获得了日本文坛最高荣誉直木奖。他努力了十几年成功了，我才努力了一年不到就觉得没希望了想放弃，顿时觉得自己好没用，就连唯一喜欢的写作都坚持不了，以后还有什么事情可以做好呢？

4

　　之前看到身边的写作者一个个都在公众号开通了赞赏功能，我的公众号却一直没啥动静，今天突然发现开通了，很高兴很荣幸，网上查阅是要坚持日更才能开通，但我这种三天打鱼两天晒网的人居然开通了，高兴之余，也对自己进行了深刻的反思。

真的不能再浪费时间，纠结成功不成功，写得好不好，有没有人看。管他的，一直写下去就对了，哪有什么好不好，水平都是练出来的。热情褪去，即使没有勇气继续，也要遵循本心，硬着头皮坚持下去。不是有句话说"自己选的路，跪着也要走完"吗？

作为年轻人，我们没有时间浪费

1

我也不知道我这些年是怎么交朋友的，有时候手机里一整天都不会有朋友的电话和信息，安静得好像开了飞行模式。

不过，仔细一想没人打扰其实也挺好，这样一来，我做任何事情的时候都不会被打断。

在这个时代里，只要碰上手机，就会被朋友圈、微博等等吸引，玩手机根本停不下来。再加上游戏、电视剧，以及朋友们的信息轰炸，手机根本离不开身，更别提静下心来做点自己的事情了。

如果说你真的有什么想做的事，想完成的梦想，就应该放下手机，别再被它掌控。要知道最早的时候，手机只是为了方便传达信息才出现的，接一些重要的电话和看看时间就够了。

以前哪有那么多浏览不完的信息、看不完的短视频，虽说我们生活在新时代都要朝前看，不能总是停留在过去，但凡事还是要结合自己各方面的需求来。什么时候，干什么样的事，值得深思。

2

在所有人说我们还年轻还有时间时，我却听见有个人说我们还年轻，但我们没有时间。

是的，我们还年轻，那些花不完的时间是用来干正经事的，我们根本没有时间去玩去浪费。可很多人以为年轻就是醒着拼，拼命玩拼命闹，闹到最后，既没了时间又没收获。

所谓的玩，不是一个人，因为一个巴掌拍不响，要玩一定是一个以上的人聚在一起，大家臭味相投，一起疯一起玩，喊着未来想当个废物。

蔡康永曾聊到过一个晚辈跑去问他："我想当个废物，可不可以？"他没有否定那个晚辈，却说了一些戳心的话。大概意思是说你年纪轻轻就想着我要当废物，可是你什么都还没去尝试过，就极端地做出了选择。从蔡康永的角度看，他替那个晚辈感到惋惜，哪怕是随便完成点什么，都好。因为作为一个废物，你终有一天会后悔，后悔自己什么都没完成过，这辈子会有很多遗憾。

废物就是等你浪费掉全部的时间之后，就可以实现的，可是你真的舍得吗？舍得放弃自己的人生，把很多种可能性统统抹杀掉，说我就是想当个废物而已。

其实很多时候你是在逃避现实，逃避你无法跨越的现状。

3

我刚毕业工作的时候，因为家里的一些原因不得不留在家里，可我一个年纪轻轻的大活人，在家能干什么呢？那段时间我整个人都处于颓废的状态，感觉自己有劲没地方使，特别痛苦。

那时候我每天都会问自己一个问题：我什么时候才能摆脱这种没有学习、没有工作的生活状态？

实在是闲得太无聊了，我当时还从亲戚家拿了些手工活儿来做，赚点钱又打发时间。说真的，那几个月，我以为我的人生就是那样了，忙一天就赚几十块钱，枯燥乏味、毫无意义。可即使是那样的生活，我还是没有忘记一件事情，就是上学时候留下的习惯，准备一个小本子，摘抄一些喜欢的句子。那年的我，像个陀螺一样转啊转，没有目标也没有方向，做一些不喜欢的事，阿谀奉承着不喜欢的人，越是乖巧越是不甘心。

我的骨子里充满了不安分，小心翼翼地藏着我的志向，我从未停止向它靠近，再靠近。

你看，心中有梦，就永远都不会被打败。被打败的那些是脆弱、是胆小、是贪图享乐安于现状，是把年轻当作用不完的"再来一次"，可是人生不是游戏，一旦结束，就什么都没有了。

4

你会遇到很多的偏见、冷眼和袖手旁观，可是你没办法去改变。正如你遇到了善良、温暖和雪中送炭，你只能泪流满面地说谢谢。

我们能做的只有义无反顾地，朝着你所认定的方向跑去，把那些好的坏的体验放在心里，勇敢地去面对生活的挑战和无处不在的诱惑。

年轻，应该无所畏惧，也应该爱惜自己的时间，用它去完成些什么。

遇见一个人，我在尘埃里光芒万丈

1

我和老师第一次见面的时候是 2015 年 5 月份，我一直记着这个相遇的日子，因为这一天对我有独特的意义。要说我们两个人之间的缘分还真是很奇妙，我给了她业务上的帮助，她给我带来了美好和希望，将我带出泥潭，让我不再生根于土，而是可以在这个世界自由行走。

老师是一名摄影师，而我是一个没见过世面的乡下丫头。那时候的我自卑、浑身充满负能量、活得小心翼翼，每天都处于神经紧绷的状态，生怕被人揭穿脆弱的内心，待在同学群里显得格格不入。那是我之前的世界，一片漆黑，毫无色彩。

2

那个时候，老师需要一个搭档协助她拍古风摄影，但不知为何她在那么多人里偏偏选中了自卑的我，那种感觉怎么形容呢？明明是仰望舞台的观众，周围漆黑一片，却突然被闪光灯打中，成了焦点，惊喜之余又受宠若惊。

在那段短暂的时间里，我们聊了很多很多，我还向她倾诉了我的烦恼，她给予我鼓励，推荐一些有意义的书给我。不得不说，老师是我那个时候认识的所有人里最好看最有气质的人，能和她成为朋友，喊她老师我真的觉得是非常幸运的一件事情。

如果没有遇见她，我完全不知道美的定义，不会去关注自己的外表，也永远不会渴望美好。但她出现了，就是活生生的例子，我喜欢她，也想要成为一个像老师那般美好的人。

我现在的自信、阳光，跟老师脱不了干系。王尔德说："爱自己是终身浪漫的开始。"我觉得是真理。

3

我对老师的第一印象是漂亮，大大的眼睛，脸上有些婴儿肥，让人看不出年纪，穿着一身淡蓝色麻料裙子，感觉整个人都在闪闪发光。

从老师刚进我们学校开始，我就一直偷偷盯着她看，被她吸引，完全移不开眼睛，她简直就是我心目中的女神。后来得知老师比我大了整整十岁，但我感觉岁月并没有在老师脸上留下任何的痕迹。

老师不是我们学校的老师，她是一名小学老师，为了尊敬她，我喊她老师。看似悠闲自在的老师，其实为了摄影付出了很多，小小的身板背着重重的单反去了很多地方，几乎把工资全都花在了这个爱好里。

老师说自己很穷，我反而觉得她精神上很富有，人一生中总要有一件热爱的事，它值得你付出一切，在所不惜。就像《月亮和六便士》里的画家思特里克兰德那般，因为热爱画画，他放弃了原有的一切，流浪街头，死于他乡，但至少他不后悔，没留下遗憾。也许这就是宫崎骏先生说的：生命可以随心所欲，但不能随波逐流。

4

老师的 QQ 空间里有几千张作品，每一张都是她辛苦付出的结果，她镜头里的人唯美清新又别具一格，我知道为了这些她花费了很多心血。

如果你身边也有一个这样的朋友，是多么的幸运，他们发着光，追寻着生活中的美好，普通但不平庸，自然而然散发着美的气质。他们的世界，充满阳光并且色彩斑斓。

我就像走错了地方，从一开始的惊慌失措到镇定下来再到憧憬那样的生活。原本漆黑一片的世界，好像裂开了一条缝，在世界的尽头一点点亮了起来，天空很蓝，草地很绿，花很鲜艳，人很美好。

5

老师可能并不知道，她带给我多大的影响。史学家范晔说过："善人同处，则日闻嘉训，恶人从游，则日生邪情。"其实也相当于《孟母三迁》的故事，跟好的人在一起，会跟着学好，跟不好的人在一起，会跟着学坏。

我们 2015 年分别后就再也没有见过面，期间老师推荐了几本书给我，专门给我快递了过来，放在了学校门卫处，拎着书回教室的时候，我笑开了花。

那些老师送的书，到现在我都一直细心收藏。遇见老师，让我觉得自己光芒万丈。

第二章

·
·
·

做自己的守护神

我想和时间做朋友

1

　　李笑来在《把时间当作朋友》里说："每个人都有一个银行 VIP 账户，每天都会自动存入 86400 元让你随便花，如果你今天不能全部花掉，就只能清零。这家银行的名字叫'时间'。"

　　他把时间比作钱，让"时间就是金钱"这句话更形象地展现在了大众面前。

　　其实我们每个人活在这个世界上，最公平的就是我们每个人拥有相同的时间，每个人每天都只有 24 小时，也就是 1440 分钟或 86400 秒。

2

小时候，我曾死死地盯着墙上的钟，就是想看时针动，在当时那个有限的知识里，我从来没有见过它动，总是一不小心就从数字 7 指向了 8，而秒针永远以肉眼可见的速度一直转啊转。

上学以后我才明白，秒针转 60 圈，时针才会过完 1 个数字。它是慢慢移动的，并且一直在走，从未止步。

《龟兔赛跑》的故事相信很多人都听过，兔子超越了乌龟，沾沾自喜以为自己赢定了，于是中途停下来休息，一不小心睡过了头，而乌龟不停地爬呀爬，慢慢爬到了终点。

乌龟在比赛里不敢停下，是因为它知道自己走得慢，所以必须把握住每一分每一秒。可我们中间有很多人以为自己是兔子，他们认为自己走得够快了，没有必要把自己逼得那么紧，想要停下来休息、放松、娱乐，然后就这样在不经意间把大把时间浪费掉了。

时间像乌龟一样走得很慢却从来不会停下，它把胜利颁给和它一样的乌龟，惩罚沾沾自喜的兔子，让它失去掌控时间的能力。

3

我以前盲目地相信一句话：时间就是你的敌人，永远不可能成为你的朋友。

推翻我的这个想法的是我曾经的学霸同桌，他上课认真听讲，下课及时完成作业，空余时间预习新章节，能充分把握住一整天的时间。

毕业之后，他以优异的成绩考上了重点大学，他的名字被高高地挂在了学校大门口。

而我的成绩离本科最低线还差几分，那一刻我认为时间夺走了我宝贵的三年，却不给我任何回馈，它是我的敌人。但我的学霸同桌却对我说："时间不是我们的敌人，它从来不会对我们做什么，造成这样的结果你应该想想自己都做了些什么。"

4

我们总在说时间过得真快，然后把一切懒惰的借口推给时间，还一本正经地把它当作假想敌。

假设你今天打游戏花掉了 3 小时，发呆花了 1 小时，逛网店花了 1 小时。5 个小时就这样被你轻轻松松浪费了，过后才说什么时间过得好快，其实真相却是你玩得太开心忘记了时间。

1 秒换算成 1 元钱，5 个小时的话就白白花掉了 18000 元，然而你却没有得到任何有用的东西，这笔钱你花的甘心吗？

人们总是对抽象的、日常的事物毫不在意，好比时针移动得很慢，我们总在它移动到下一个数字的时候，才恍然大悟地看明白，1 个小时又过去了，然而我们还有很多事情没有做。

你每天只有 86400 元，好好珍惜这笔"钱"，千万别嫌多，也别嫌少，认真地用完它。

5

你的上 1 秒是溜走的还是被你用掉的？

1 秒真的过得很快，此时此刻就没了。

把一天当作 86400 秒来过，因为它一直在减少，这样就能清楚地看到时间的流逝。

你可以花 600 秒也就是 10 分钟，来规划一下 600 秒以后你要花多少秒做下一件事情，把时间合理地划分给每一件事情。让你的时间看得见，并且能紧紧地把握住它。

当你和时间以相同的频率走时，你会发现它是公平的，不仅像你的朋友一样陪着你，还会在最后给你准备终极大奖。

最后，希望我们都是《龟兔赛跑》里的乌龟，一直不停地走，直到取得最后的胜利。千万别误把自己当成是兔子，你没有跑得很快，也不需要休息，因为你正在比赛，你还想要赢。

你那么平凡，为什么还不想努力

1

上学时，我是人海里最最普通的那种女孩，成绩不出众，长相不出众，不会花言巧语，每天按时交作业、按时吃饭，然后沉默不语。

高中，对我来说是很重要的一个转折点。那时候我迷上了一本叫《爱格》的杂志，它的漂亮的封面总是很容易在书摊里脱颖而出，让我心甘情愿每期必买。还有它里面的每一个故事迷人又传奇，让我上课都忍不住想看，但真正吸引我的是故事里的插图，很好奇是怎样的摄影师能把每一个女孩都拍得那么美，那么干净，所以常常出现在插图小角落里的"摄影师/金浩森"引起了我的关注。

2

我看到了他在微博上发布的更多的作品，渐渐地喜欢上了他，我发现金浩森不仅有颜值、有才华还特别的正能量，这样一个优秀的人，让我忍不住想要靠近，想要让自己变得更好。

他渐渐成了我的偶像，成了我努力想要成为的人。他在二十几岁的年纪喜欢上了摄影，多年来坚持不懈，用一个又一个有质量的作品逐渐积累起了名气。我陆续看着他出书、开"别止咖啡店"、分享生活感悟，我想金浩森会被越来越多的人认识，然后不断传递着他的正能量。我知道这些靠的不是运气和颜值，是他多年的付出和苦心经营。

每次想起他，我脑海里都会出现这样一句话：你一定要相信，世界上有人过着你想要的生活。明明可以靠颜值的人偏偏要靠努力，我向往他那种自由洒脱、随处可栖、累并且快乐的生活。

在我看来已经很完美可以不用太努力的金浩森，他还是很忙，忙着满世界约拍旅行、写文字鼓励小森林（他的粉丝）、照顾"别止咖啡"的生意、办公益摄影展。

3

至今我还是关注着他的每一条动态，陪着他迈入了三字开头的年纪，我亦在暗中努力。

很多时候我会产生莫名其妙的焦虑，对当下迷茫，没有方向，力不从心。这个时候翻一翻他的微博就会瞬间收获满满的正能量，可以支撑着我缓慢而又坚定地成长。他说："如果你喜欢我，那就请和我一样努力生活，我们一起加油成为更好的人。"

很多人告诉我女孩子不用那么努力，有一份安稳的工作养得起自己就够了。

我很想告诉他们，女孩子哪里不需要努力了？我坐在办公室里，做着不喜欢的工作，心里想的是外面丰富多彩的世界，我不想安于现状，所以我要努力。我在家里，看着为了赚钱辛苦劳累的家人，心里想着如果我优秀了，有了一定的赚钱能力，他们就不用这么辛苦了，所以我要努力。

努力不是一句简单的口头禅，是需要真实地付出时间和精力的，是需要打败那个懒散放松的自己的。努力是为了让身边的人远离一些是是非非，是为了让自己遇见更多优秀的人，去一个自由快乐积极向上的圈子，所以我的努力也是为了让自己随时有能力跳出讨厌的圈子。

4

此时此刻我很感谢自己喜欢写作并且坚持着，我体会到做自己喜欢的事情是如此快乐。

看着身边的人每天抱怨生活，盯着别人的成就死死不放，我多想告诉他们：现在的情况都是你们自己造成的！我也曾和你们一样，以为自己是世界上最失败的人，做什么都错，对生活绝望透顶。

相信很多人都和我一样疑惑过，为什么优秀的总是别人？为什么自己一无是处？难道自己一辈子都这样平庸吗？疑惑越来越多，心情越来越差，渐渐就产生了很多急躁、焦虑、迷茫等负面的情绪。

其实生活从来不会给你我绝望，绝望都是自己给自己的。就像是赶最后一班公交车，你着急地跑着以为自己赶不上了，在你拼尽全力后气喘吁吁地跳上公交车的那一刻才发现其实结果没有我们开始想的那么坏。

我曾经给很多的杂志社投过稿，写了一堆毫无头绪的文章，一直杳无音信，期望越大失望就越大，一气之下我放弃了写作。放弃写作的这两年，我在很多个辗转反侧的深夜失眠，心里空落落的。

直到有一天，我加完班回家，冷空气刚刚席卷我所在的城市，我在马路上被风吹得瑟瑟发抖的那一刻，突然想明白了，生活如此艰难，每个人不还是在努力忍耐吗？既然我喜欢写作，我不是应该迎难而上吗？

5

我看书写书评，我看电影写观后感，我买小本子和很多支笔记录每一次忽闪而过的灵感。我开始在简书上持续更新文章，得到了一些鼓励和建议，明确了写作的方向。

在此之前，我只是一个爱做梦的平凡女孩，当"写作"这两个字第一次出现在我脑海里的时候我甚至不敢告诉任何人，因为我觉得那是无比困难和遥远的事情。

在写作这条路上，我仅有的通行证是上学时候作文的高分、对一切美好故事的憧憬和喜欢分享生活感悟的冲动。

我们都不是电影《28 岁未成年》里的女主角凉夏，

无法拥有一盒魔法巧克力，无法遇见十七岁时候的自己，无法让那个自己带我们找回初心，重拾梦想。但我们能做永远充满希望充满活力守住初心的年少的自己，不说放弃，并能为梦想努力。

我们年轻气盛，有太多的不甘心和委屈，总是无法释怀过去，可是慢慢地你会发现：时间不会拿奇迹犒劳你，但也不会因为点滴背叛你。

害怕努力的你，跨不过这道坎，连梦想在哪儿都看不见。优秀的人一定也感受过和我们一样迷茫无助深夜痛哭的日子，但是他们和我们不同的是他们一直不甘心地努力着，无数次跌倒又无数次重新站了起来，最终才得到了自己的梦寐以求的东西。

时间会证明，真正的努力从不白费

1

齐同学是我的初中同学，平常总是一副吊儿郎当的样子，他曾中考失利，职高报到的第一天就被学校开除了，于是拿着初中毕业证进入了社会。他努力地找工作赚钱，也想改变自己的人生。可过了这么多年，他所谓的努力就是有了一份工作，然而在工作期间却总是迟到、早退、抽烟、酗酒，至今还是个小职员。

在这个人人都把努力挂在嘴边的时代，稍微一努力就认为自己能得到一切的人数不胜数。随着年岁的增长，懒惰和平庸彻底将他们淹没，他们用自己的经历，口口声声喊着努力没有用。

那么努力真的没有用吗？

2

我们必须清楚一点，所有浪费了的日子都是要还的。你质问别人凭什么拥有的同时，也应该了解一下他们为此付出了多少努力，而不是抱怨不公，不自省不自知。

看见成功很容易，但成功背后的努力并不是所有人都看得见的，那是他们最艰难的时光，也是他们走向光明前的狼狈时光。

我们喜欢努力这个词，却从来没有真正地为了改变现状而努力过，那么你所谓的努力又凭什么有用呢？你所谓的努力，很多时候都只是你自己的内心戏。有句话说：只有认真过的人，才配谈论输赢。竞赛场外的人充其量也只是吃瓜群众，根本不配发言，也没资格断定结果。

那些出书赚钱走向人生巅峰的人很多，有时候我也会想，那个人为什么不是我也不是任何一个想成功想疯了的人，可后来在生活的角角落落里发现，没有成功才是正常的，因为偷懒和拖延才是我们生活的常态啊。

3

我的微博关注里有一个粉丝二十多万的网红小姐姐，自己开着网店，自己给自己买了车，也能带着父母来几次说走就走的旅行。人人羡慕的生活背后，是无数的苦难支撑起来的。她曾发文：曾经是个网店模特，每天早上五六点开始化妆，一天要拍几百套衣服，穿着不合脚的鞋子。时常有反季拍摄，冬天拍吊带夏天拍羽绒服。那时候她并没有仗着自己年轻就浪费时间，而是为了赚钱拼命工作。

以至于现在她所拥有的一切，都是她那些年认真努力应得的，她也用自己的经历告诉我们，没有人能随随便便成功，努力的意义在于为了过上自己想要的生活，即使千万人阻挡也无所畏惧。但往往阻挡我们的从来没有别人，只有自己。

作家格拉德威尔在《异类》中写道："人们眼中的天

才之所以卓越非凡，并非天资超人一等，而是付出了持续不断的努力。"而时间的流逝也确实验证着很多人，同时解释了他们为什么平庸。

4

想起以前我很喜欢的一句话：时间不会拿奇迹犒劳你，但也不会因为点滴背叛你。

我所有这些年的幸运事件，通通都可以把功劳归给持续不断地努力。有时候我也想不用努力，伸手就可以拥有一切，但最终我还是打碎了梦，扫掉一身的痴心妄想，投进努力的阵营，催促自己，现在每天努力一点点，以后每天就能得到一点点。

曾经为了过稿，赚取稿费，我把一篇文章改了十几二十遍，改到脱胎换骨，最终还是因为风格问题没有被编辑看上，但是我还是安慰自己，即使没有通过也还是修改出了一篇阅读量极佳的文章，也不是全无收获啊。也正是那次不厌其烦地改稿子，让编辑认识了我，后来主动问我要稿子，也让我成功拿到了人生中第一笔稿费。

这些没有预兆的惊喜，都源于在此之前所准备的一切，我认认真真对待过的事情从未白费，我也坚持努力着，坚信时间会给出最好的答案。

你想要成为行业精英，就去勤奋学习和积累经验，你想要自由，就去勤奋工作和赚足够的钱。你想要的一切，都得去努力，得去真正的努力。

日本设计师山本耀司说："我从来不相信什么懒洋洋的自由，我向往的自由是通过勤奋和努力实现的更广阔的人生，那样的自由才是珍贵的、有价值的。"既如此，愿所有人厚积而薄发。

我们为什么要那么努力

1

我的小姨妈，昨天晚上发给我一张截图，并跟我说她最近脑子里一直都是这句话。我点开一看，是网易云的一段热评：

"你为什么要那么努力？"

"因为我喜欢的东西都很贵，我想去的地方都很远，我爱的人超完美。"

我觉得总结得非常到位，至少放在我身边那些努力奋斗的女孩身上极其贴切。

先来说说我小姨妈，其实以她现在的工作以及她父母的勤劳程度，她完全可以选择和啃老族一样，每天睡到自然醒然后起床打打游戏、看看电影、研究研究中午吃什么好吃的，下午的时候和朋友们吃饭逛街。可是她没有，反而每天都在看书，做题，碍于年龄的关系也去相亲了几次，却都不太合适。每天心心念念的就是能早日考上公务员，因为她知道，至少那时可以供她选择的另一半会比现在更优秀一些。她的生活、她所接触的人都会比现在好一点。

这也是我最佩服小姨妈的地方，有目标有想法，不骄不躁，不气不馁，坚持做自己认为对的事。

2

对我来说，我最开始只是想用自己的努力赢得别人的另眼相待，而不是冷眼相待。

我从很早的时候就开始默默地努力，那时努力的方向是学习，我就以提高排名为目标，一点一点提高自己的成绩。从年级倒数努力排到了年级前二十。尽管那时候我还不懂努力背后的意义，但后来我发现，它不仅仅提高了我的成绩，更让我在之后的时间里，非常容易产生努力的念头，也让我有信心去争我想要的东西。

我个人认为，努力的本质是，任何东西都不能马上得到，但你可以经过一系列的行动慢慢接近。当然，有些人不用努力就似乎可以拥有一切，没人会对他冷眼相待，他本人也乐在其中，非常享受这样的生活，等着玩几年就结婚生子，过上幸福快乐的生活，那么恭喜你，你该庆幸自己拥有一个好的生长条件，但是同时你也应该忧虑，因为长此以往，你很快就会成为一个养尊处优、没有自我的人。

从前，生活在恶劣环境下的孩子更容易去努力改变现状，但现在，不管是穷人还是富人几乎都想努力，都在努力改变，你不努力其实就是在消耗自己的时间和别人（你的父母或者另一半）的努力成果。

3

换一种说法，比如你现在的生活很好，普通人努力个几年才能过上你现在的生活，等别人过上了你现在的生活之后，还在接着努力，最后过上了你想象不到的比你更好的生活。

明明你也可以的，甚至可以比普通人更快地实现你所期望的生活，可是你没有努力过。哪怕你只有一点点对生活的不满，一点点对新生活的憧憬，你都可以去努力，有了理由之后，更容易义无反顾地去做。

马云那么有钱，照理来说他完全不用努力了，可是他选择去过一种新的生活，换另一种方式去努力。你看，努力有时候也并不是为了钱，而是为了我们内心真正的期待，无论你是否家境优渥，你都可以选择一个你所喜欢的事物并为之努力。

这样看来，每个人都会有努力想得到的东西，所有人都很公平。但一定有人会说，我不用努力就已经拥有你们望尘莫及的东西了，确实是这样，可是同样也会有人站在你触及不到的地方，永远有比你生活得更好的人。出生我们没法选择，但以后的生活是可以有选择的。

4

你一脸不屑，又或者一头雾水地问：我们为什么要那么努力？我想告诉你，因为努力是我们摆脱现状唯一的途径。抱怨和不甘不能解决任何问题也不能消除我们日益增长的好奇心，我们也想拥有更多更好的东西，亲手打造一顶公主的皇冠给自己。

别人给的终究会变味，可自己给自己的是值得用一辈子来回味的。别再问我们为什么要努力了，努力本身就是一个持续进步的过程，我们想变好，想要的很多很多，所以要很努力。

不要把这世界让给你鄙视的人

1

你挤过早上七八点的北京地铁以及空气不畅通的长途火车吗？那种感觉就像是你被人封进了一个大瓶子，出不去动不了还非常窒息。

我之前去广州的时候买的是火车票，要坐二十几个小时，因为我对坐长途火车没有概念，是第一次坐这种，想着火车票便宜，那就尝试一下吧。在此之前，很多人告诉我说超过七八个小时的就买卧铺，千万不要买硬座。但是我就是不听劝，硬是买了二十几个小时的硬座，现在想想那次真的是一次很独特、很难忘的体验。我不后悔自己当初的选择，但我再也不会坐长途火车出远门了。

2

在去广州的火车上我一直都在找最舒服的方式睡觉，并且不断安慰自己：不就是二十几个小时嘛，咬咬牙就过去了。到下了火车我都在告诉自己，还行。但其实我是累得说不出话来，没有话语来形容了，回去的时候小伙伴建议我买高铁的票回家，我立马答应了，多少钱都没问。

回来以后我总告诉自己，如果不努力不赚钱，以后想出门都只能买最便宜的火车票，而且只是自己还好，难道要年老的家里人也和你一样吗？

你去体验过那些难以忍受的事情，就会发了疯地想赚钱。真的，忍受过一次就不想再忍受第二次，当你不得不忍受第二次第三次的时候，你每天都会想着如何摆脱和逃离这种生活，所以除了努力别无他法。

对生活压迫的暂时忍耐，是为了在将来更用力地反抗。

3

如果生活给我一个选择题：在害怕的事和难以忍受的事当中选一个，我会选择害怕的，也要摆脱难以忍受的。

比如以前和家人去游乐场玩，走到鬼屋，除了我以外的人都要去，而鬼屋的出口在另一头，我难以忍受一个人待在陌生的环境，同时还要去另一个不清楚该怎么走的地方。最终我还是选择和大家一起进鬼屋，即使我很害怕。再比如我辞职之前害怕新工作不适合我，害怕新同事不好相处，害怕新环境带来的孤独感，可我还是因为难以忍受做自己不喜欢的工作而离职了。我就是那种忍受了难以忍受的事情越久，就越想反抗的人。我也很庆幸我是这种人。

只要你不去习惯你所厌恶的那种难以忍受的生活，迟早有一天你能摆脱它。

4

王小波说："生活就是个缓慢受锤的过程，人一天天老下去，奢望也一天天消逝。"我认同第一句，不认同最后一句。正因为生活不如意，每天都要受到重锤，要忍受很多难以忍受的人和事，所以要赶在老之前，让自己发光发热，要有一股不服输不妥协的信念，靠着一股内在力量，绝地反击。

我不愿意每天在忍受中度过，不愿意每天都浑浑噩噩，正如那句"不要把这个世界让给你所讨厌的人"一样，我们要把这些不甘心转化成动力，也正是因为这些不甘心让我们有了比别人多努力一点的理由，这样那些痛苦才没有白白忍受。现在想想，人们好像每天都是这样忍受着，但是你要相信时间冲刷了杂质，留下来的才是属于我们自己的人生。

现在经历的苦难，只是你成功路上的垫脚石罢了。你承受的越多，也许未来拥有的也就越多。塞翁失马，焉知非福，是一句真理。

因为贫穷，我获得了飞速成长

1

穷这个字，在我念高中之前一直围绕着我，它使我发自内心地自卑，上学的时候，经常在同学面前抬不起头来。

我不愿记起的那些异样目光，还有无处不在的冷嘲热讽，那都是我那些年难以启齿的心事。

如今，我可以云淡风轻地谈起穷，是因为长大真的是神奇的变形计，它教会我努力、自信，发现自己的闪光点。

我所经历的穷跟很多人雷同：家境不好，没有漂亮的衣服，甚至没有干净的脸蛋，一天到晚灰扑扑。

有一幕让我记忆很深刻：有一年秋天，当我穿着刚刚流行起来的新衬衫时，我的同桌惊讶地说了一句："你居然有衬衫？"

他一定认为，我这样穷人家的孩子，怎么会穿得起衬衫？

那一年，念小学的我，坚定地认为穷人就会被人看不起。

2

我的初中看似风平浪静，其实后来在中考压力和自卑的双重打压下，我曾连着一个月睡不好觉，精神状态极度不佳，好不容易睡着的时候就做各种奇奇怪怪的噩梦。每次惊醒之后，我都精神恍惚，如同行尸走肉一般，吃东西都味同嚼蜡，失去了一个十几岁小女孩该有的活力，家人都怀疑我得了精神病。带着这样疲惫不堪的身体，承受着中考失利的打击，我念了职校。

高中之后，我开始有了独处的时间，一开始特别不适应，没有朋友，没有可以说心里话的倾诉对象。伴随着陌生的学校、陌生的同学带给我的疏离感，终于在一次数学考试后，我看着 56 分的试卷崩溃大哭。我一遍遍地问自己：数学，不是我曾经引以为傲的那门课吗？为什么考砸了？当时的我孤独无助，并且脆弱不堪，一点点小事就能摧垮我。

那段暗淡无光的日子，逼着我在短时间内迅速成长，我渐渐明白了很多事情，并通过大量的阅读为自己解答疑惑。我的生活渐渐变得有趣有正能量，成绩也逐渐上升，而贫穷带给我的自卑不知不觉就消失了。

我发现自己长得不是很丑，而且幽默风趣，虽然还是很缺钱，但我有同样为钱苦恼的朋友一起省钱，互相监督。

小时候得到的歧视和心灵上的伤害渐渐被淡忘，因为人越长大越在乎的是精神上的富有，我惊喜地发现自己可以用另一种方式受到尊重。

3

想起我一个还在上大学的好朋友，她经常向我抱怨，因为她的同学总是约她出去玩，出去无非就是花钱，出去两次，剩下的钱根本无法维持她当月的生活费。

我问她为什么不拒绝？她说不能拒绝啊，这样就会被孤立。每次听到这里我都无言以对，我也曾和她一样，为了掩饰贫穷，维持所谓的自尊心，靠仅有的那点钱小心翼翼地维护着同学间可有可无的关系。

朋友的顾虑我也曾感同身受，因为家境的落差，所以不敢当个我行我素的人，只能没主见地依附在别人的指挥下。

现在回想过去，觉得那时候的自己真的好幼稚，有什么不敢拒绝的呢？但不犯错不经历，可能一辈子都不会懂得如何去争取，如何去拒绝。很庆幸，现在的我可以站在一个旁观者的角度去分析这些事，这些都是我的成长，是我经历的一部分。

所以我在朋友的抱怨声中，保持沉默，因为我苦口婆心说再多，她都听不进去，这些需要她自己去经历、思考、成长。

如果有重来一次的机会，我想很多人会和我做一样的选择，选择相同的做法，去随波逐流，去盲目合群，然后抱怨连天，学着大人愁眉苦脸。

4

如今，我反而想感谢贫穷带给我自卑，让我有勇气去正视自己，可以比别人更早地知道精神富有的重要性，慢慢成长为现在我所喜欢的样子。

因为那时候自卑没有朋友，所以我只能通过看书来度过每一天，而大量的阅读使我在征文比赛中获奖，得到了老师的肯定，继而发现了自己对写作的浓厚兴趣。那个时候，除了看书，我还尝试着写了小说，同学们看了之后催着更新，那时候写小说都是在纸上写，手稿我至今都保留着，虽然没有一篇完结，但对我来说，它是一个珍贵的纪念品。

2017年10月，我在简书真正开始写作，从一开始两位数的阅读量到现在五位数的阅读量，我知道这些都是我努力的回报。

现在的每一天我都过得非常充实，认识了很多志同道合的写作者，还担任了简书某个专题的副主编，主编还特别照顾我。

写作使我遇到了很多优秀的人，他们毫不吝啬地鼓励我，带给我很多的正能量。

5

你看，曾经以为这辈子都要完了的我，不是也乐观开朗地找到了自己的人生定位吗？

很多那时候认为这辈子都过不去的坎，其实远没有我们想象中的那么坏。就像那句话所说：塞翁失马，焉知非福。

贫穷和自卑是很多女孩都会经历的一课，但当你上完这一课的时候，会惊喜地发现你得到了很多成长的经历。

多年前的我，根本想象不到现在的自己可以有一份轻松的工作，有大把时间写作看书，充实而满足，没有成为自己曾经讨厌过的那种样子。

所以，千万别急着否定自己，未来会变成什么样谁都不知道呢。

越来越喜欢，努力后的如约而至

1

以前我喜欢的是马路上捡钱、刮刮乐中大奖、饮料瓶盖上印着的"再来一瓶"，对那些从天而降的好运气，求之不得。

那时候年纪小，以为所有不费吹灰之力得到的东西就是赚到了，哪怕就是捡到了一元钱都能高兴好几天。

我现在总是对那些从天而降的东西感到很不安。如果我没有努力，没有任何的付出你就要给我一些东西，我真的不敢要。

我现在更喜欢的是努力后的如约而至。踏踏实实地付出之后，等来我应得的东西，那才是真正属于我的。

2

虽然可能是我们学习付出了努力，却不一定有对等的成绩；工作加班付出的心血，不一定有对等的奖励。所以，我不会总是心怀期待，我开始喜欢那些努力过后，本来以为不会有却突然出现在我面前的惊喜。我获得成就之后人人都说是我运气好，只有我自己清楚，成年之后的运气是靠自己努力得来的，根本没有什么从天而降的馅饼。

就像我曾在日记本扉页摘抄过的一句话：好运只是副产品，它不过是你万事俱备，刚好来的一场东风，仅此而已。

彩票的本质是用一大部分人的付出去成就几个人的好运气，如果你提前知道自己不会中奖，只是去成就别人而已，你还会心甘情愿去花钱吗？不会的。你会认为这不公平，所以说如果你没有什么付出，就得到别人拼命努力才能得到的东西，这也是不公平的。看似物质上拥有一切，可精神上会受到自己对自己的攻击，就像那些小偷一样，他们很敏感，随时随地都害怕被抓。

公平应该给所有人，而不是偏心你，或者偏心任何一个人，我们靠自己脚踏实地去得到一些东西，可以谦虚地归给运气，但不可以走捷径，伸手去拿别人努力得到的东西。

3

上大学的时候，有个男生要我当他女朋友，送了很多次礼物，也找了很多人当说客，我硬是没有收。

我们能不能在一起，要用礼物来衡量吗？并不是，如果我对你是有感觉的，没有礼物我们也会在一起，莫名其妙地送礼物只会给我带来困扰，带来负担，从而对你越来越没有好感。

因为不收的话你很没面子，收的话我又不确定要不要和你在一起。吃人嘴软，拿人手短。要是拿了礼物，谁还好意思拒绝你的要求，至少我会于心不安。你看，你送的不是礼物，是左右为难的判断题。

还有就是朋友之间的节日送礼，今天你生日我送你一件礼物，明天我生日你也送我一件，其实就跟自己买给自己是一样的。

我和闺密就约定好，生日的时候大家一起吃顿饭就行，礼物送来送去很麻烦，而且也不一定很合心意，自己想买什么就买什么得了。礼物送来送去，兜兜转转，出钱的还是自己，倒不如直接自己买，更方便简洁。

拒绝一些东西，该走的人自然走，该留的情依然在。简简单单不是更好吗？

4

总结下来，靠自己得到比不劳而获更有意义，也来得更有成就感。

想起我当年心血来潮去花时间学织围巾，一针一线歪歪扭扭地给自己织了一条芥末绿大围巾，围在自己的脖子上尽是满足感，虽然毛线不贵，但它却比得上高档店里卖的那些昂贵围巾。

因为那是我自己织的，它对我的意义不仅仅是围巾，也不是随随便便买来围几天就不喜欢的一件东西，那是我付出了很多心血才得到的。

它赋予了我努力的价值，告诉我，任何期待已久的东西都值得耐心付出。那是嘴角上扬的弧度，是发自内心的一种安定感。你有没有越来越喜欢这种感觉呢？无论如何，愿努力之后的欢声笑语会属于今后的你我。

打破局限性，遇见更好的自己

1

不知道有没有人玩过支付宝里的蚂蚁庄园，里面有一个接球小游戏，每天玩过 200 分可以开完所有的宝箱。

大部分人会把终极目标定为过 200 分，我每次过了 200 分以后就不认真玩了，很快就结束了游戏，毕竟过了 200 分就可以开完全部的宝箱了，我不用继续玩下去，反正也没有奖励了。

直到我的支付宝好友里出现了一位"神一样"的存在，她在排行榜第一，分数 464 分。这对我来说简直就是天文数字，我跑去问她怎么玩的，我认为那是不可能完成的，她一下子激起了我的好胜心，我也不甘心地跑去玩了，一口气玩到了 400 多分，破了自己以前的记录。

曾经我只能局限在 200 分左右，但看到 4000 多分存在的时候，才发现 200 分仅仅只是一个起点，只是 4000 分的二十分之一。

如果你处于一个人人都满足于 200 分的圈子时，你的终点就是 200 分，而当你处在随时会冒出 4000 分的圈子里时，你会给自己定一个更高的目标，然后费尽心思地去超越。

所以，很多时候不是你不能完成某件事，而是你把自己的能力局限了，限定了自己发展的空间。

2

很多时候是我们把自己的能力局限了，在大脑里给自己设定了能力范围，当你要跨出去的时候，大脑就会出现警报。

归根结底，不把自己逼到一定程度，你永远都不会知道自己的极限在哪儿。

人生没有那么多如果和假如，我们不敢突破也不敢尝试，就不能怪环境、怪别人，要怪只能怪自己选择了安逸，还沾沾自喜地认为自己很厉害，殊不知别人已经在为更高的层次做准备了。等到突然有一天，他们把你远远地甩在后面，你才开始后悔莫及，恍然大悟，原来自己被自己给骗了。

2018 年的热播电视剧《北京女子图鉴》里有一句话：所有你糊弄的、你不重视的、你负能量处理的，不论多微小，都将作用在你的未来。

想起上学时候我学英语耍的小聪明，单词我会花点时间去背诵，因为老师会抽查，但对于英语作业，为了早点完成，我选择了不动脑子地抄答案，结果我把英语学得一塌糊涂。

想必英语老师也很奇怪吧，为什么每次我背单词听写都是满分，一到考试就很少及格，原因只有我自己知道，但我从不重视，不懂得反省自己而是把所有的一切怪罪给语法太难，过去式、完成时难以分辨。

我嘴里嚷嚷着为它付出了很多时间，然后断定自己天赋不行，可事实的真相却是我自己选择了逃避，选择了安逸，没有认真地对待过那些习题，导致现在的我对英语还有阴影。

局限自己是为了安逸，贪图一时的快乐和享受，只会永远被自己蒙在鼓里，对着梦想叹息，羡慕别人活得那么肆意。

3

唯有打破局限性，才能遇见更好的自己。

把那些被否定的自己通通释放，跳出安逸，再也没有捷径和一帆风顺，我们能做的就是使出浑身解数努力解决困难，就像为了游戏通关的奖励，我们可以不厌其烦地磨炼自己的技术，把最难的一关玩到烂熟于心，直到熟悉所有的过程。你会发现以前无法到达的地方，远没有想象中那么遥远，它其实也不过如此。

我们翻山越岭长途跋涉后，看到的不是山那边壮阔的风景和无尽的财富，是脱胎换骨后泪流满面的自己。

山的那边有什么只有去过的人才知道，它就像小鲤鱼跃过的龙门，是可以容纳更好的你的地方。

想用 90 后作家卢思浩的一段话来结尾：每天每夜度过的日子、写过的文章、读过的书籍、看过的电影、认识的那些人、去过的那些不知道名字的地方，所有青春里的这些折腾，慢慢地，会堆砌出你想要的未来。

我悄悄地跟自己说："看清现实吧，别再自欺欺人、糊弄自己，搅浑未来的人生了。"

你的努力，不需要告诉谁

1

我的朋友小暖前段时间报了一个练习毛笔字的班，结果学了一个星期就不去了，她跟我抱怨说，明明自己已经很努力了，就是写得不好看，去了也没意义。

之前小暖学烘焙，也是如出一辙。

在旁人看来，她是个很努力的人，但只有她自己知道她什么都不会。她的努力，只是看起来很努力，却忽视了最重要的一点：努力从来不是为了给别人看的，而是一个可以让自己提升的机会。

2

常常把努力挂在嘴边的人，几乎没有通过努力实现过什么了不起的事情，反而觉得自己随口说出努力，就能得到一切。

还没努力，就把努力说出了口，就好像你要看一本书背多少个单词，要先拍照发朋友圈，发完朋友圈后，潜意识里觉得这件事情已经完成了。这其实根本就是一场骗局。你骗了别人，也骗了自己，其实你根本没有在努力，照样刷微博、看电视剧、逛网店、去外面吃吃喝喝。

说出来的努力，跟小孩子过家家差不多，都是自己的想象。想象力丰富多彩，其实虚假得不堪一击，不要活在自己给自己制造的假象里，不要真的以为自己很厉害。

真才实学的人，只会认为自己不够努力。

3

上学的时候，英语老师在课堂上布置了背单词的作业，第二天一早就要听写，开始听写前的几分钟，很多人都会着急忙慌地拿着书再看两眼，说自己没怎么记住。但最后听写得满分的人很多，他们不会说自己在家很努力地记过，因为满分就是努力过的最好证明。

当你的努力，不用告诉任何人时，你才会真正通过努力得到你想要的，并且所有人都会发自内心地说："你真的很努力！"

假装努力的人和真正努力的人最大的区别在于：一个喜欢在事成之前说努力，一个只在事成后谈论努力。往往是后者的快乐更多一些。

很多年前的一次数学测验，我觉得自己会考满分，有一种很强烈的预感，但当同桌问我考得如何时，我的回答是还不错，并没有笃定地说自己会考满分。直到发试卷的时候，我才知道自己并不是满分，被扣了3分，好庆幸自己当初没有告诉任何人，现在也不至于尴尬，还能享受自己得高分的喜悦。

那时候我就明白谦虚的努力，才是最好的自我提升。

4

与其叫嚷着自己有多努力，有多么不如意，还不如沉默不语地埋头苦干，一点一点做出成绩。

大部分没有成绩的人，跳出来说自己努力过，其实是害怕自己没成绩没天赋又不去努力，会被人讥笑吧？

想要改变，开始去努力，最后出结果。本来应该是这样的一个过程，然而现在却被很多人混淆了，变成了想要改变，做做样子就觉得是努力，然后就期待会有好的结果。结果当然不是你所期待的，于是你抱怨没结果，放弃了去改变，不停地跟别人说你努力过，但没成功。

世界上没有坐享其成的好事，要幸福就要奋斗。没有实实在在持续不断地努力过，就请不要抱怨没有结果，没有结果是正常的。

5

关注我公众号的人，都会收到这样一句回复：愿你的努力，免你四下流离，免你无枝可依。

这是我从《时有女子》里延伸出来的一句话，想送给大家。我觉得特别是女生，不应该想着靠谁过上更好的生活，而是要想着靠自己的努力，让自己过上随心所欲的生活。不依靠别人，就不会患得患失，就会有底气做真实的自己。

我们去努力去奋斗，不是说这样做了我们会受到别人的夸奖和赞美，而是为了让自己可以有一个好的结果，受益人是自己。

悄悄地去努力吧，让身边的人因为你的改变而吓一跳，他们会后知后觉惊叹你的努力。

愿你今后不为别人而活，也不为别人而努力。

长大，就是清醒地看世界

1

2018 年 5 月我在微博上翻到了菲妥妥写遗书告别世界的消息，随意翻看了几个新闻，才明白导致一家三口自杀的源头是因为欠下高利贷无力偿还。

巨额负债前，人的生命显得如此卑贱。巨大的压力下，找不到自己活着的意义，所以选择结束自己的生命。

朋友正巧跟我说起 2018 年一个同学因为网贷跳楼自杀的事，他因为喜欢上一个拜金女孩，自己又没钱，于是在各种渠道上贷款，最后把自己逼上了绝路。

没有钱就会没有爱情吗？反过来问，一段感情需要用钱来维持那还是爱吗？那女孩分明是赤裸裸地爱钱，你却傻乎乎地倾己所有，甚至最后还上赔了性命！真的一点都不值得。而这个女孩被虚荣蒙蔽了眼睛，渴望拥有一切又期待美好生活，殊不知对物质欲望的逐渐增加，最终会把她的人生彻底毁灭。

2

如果你觉得没有钱就不会有友情爱情的话，我很抱歉，你还没有长大，没有资格享受大人的世界。

没有资格的你，需要源源不断的钱来维持生活，来给自己安全感，紧接着麻烦就会接踵而至，你以为这就是长大，这就是那些大人眼中难以解决的问题。

当你庆幸自己不过是欠了几个钱，就有漂亮衣服和名牌包包，家里还有父母会为你摆平一切的时候，你就没有真正长大。

　　我认为的长大成熟，是那些为工作烦恼、为生计奔波甚至在梦想和现实中心力交瘁，还要带着笑容回到家的那群人。

　　我无法定义大人应该是怎么样的，毕竟在外婆的眼里，妈妈也是个孩子，可是妈妈在我们眼里为什么就是大人呢？同理所得，进入社会后，就别指望除了家里人以外的人会把你当孩子，能心地善良地容忍你的一切。

3

　　你能靠美貌和心机满足自己的虚荣心，真的没什么好炫耀的，而且也不是长久之计，你要是能用聪明勤奋让自己和家人都过上好的生活，才是真正令人敬佩的。

　　你活了这么多年，最想要什么？如果你的答案暂时还没有很清晰，那么当下你最应该去孝敬父母。他们生你养你，人要懂得感恩，而不是有恃无恐，仗着他们对你的爱，给他们制造麻烦，还不爱惜自己。

　　我想无论是友情还是爱情，都远没有亲情那么无私，父母对子女的爱护没有任何利益关系就只是单纯地为了你好。

　　越长大，越喜欢跟心智成熟的人交往，他们不用你费劲地解释些什么就全懂了，他们懂得尽可能地体谅别人而不是只考虑自己，他们比我们经历的事情多，重要的是他们清楚地知道自己想要什么该做什么。跟这样的人待在一起，很难不去思考、不去比较、不去改变自己。

他们清醒地看待这个繁华世界，看书、做梦、有理想，杜绝无用的社交和疯狂消费，以一个大人的身份对一些事情看破不说破，孤独又热烈地活着。

我欣赏他们。

4

这个世界诱惑多、资源多、机会多，可是你偏偏被第一个缠住了脚步，见多了海市蜃楼，以为世界不过如此，其实你看到的都不过是假象罢了。在这假象中迷失了自我，陷入了死循环，间接性踌躇满志，持续性混吃等死。人生在世，没有比这更痛心的了。

活着固然重要，但清醒明白地活着才是有意义的人生。长大不是为了享受眼前的美好，是为了未来可以毫无退路地去拼命。

很多人怀念童年的无忧无虑，想要什么伸手就可以得到，可是现在还没有研究出时光机，无法回到那个时候，所以想要什么，就得为此去努力呀。

你想穷一时，还是穷一世

1

刚刚准备在微信公众号更新文章，半天打不开电脑，我就傻傻地坐着，等着时间一点一点流逝，突然就很悲愤。我用着前几年花了 800 元钱买的手提电脑，卡得要死却不能砸、不能摔，因为我太穷了，换不起电脑，只能将就着用。

可能像我这样穷着长大，长大还穷着的人，或多或少都会极度地渴望金钱带来的快乐，特别希望自己能摆脱贫穷的限制，好多人拼了命地努力就是不想穷一辈子。

但我也非常清楚，太过急功近利地迷恋钱，只能成为它的奴隶。我们必须记住一点：穷一时不可怕，可怕的是穷一世啊！而摆脱一时的穷，我们就得拼尽全力去奋斗了。

2

我经常在我的文章中强调改变现状以及跳出舒适区，那么什么是现状？什么是舒适区？

前几天我去买衣服，逛到一家设计师集成店，装修很棒，橱窗上摆着秋季新款，我停留了几秒，掉头就走。衣服是好看，可是我的理智告诉我，它会超出我的预算。你看这就是现状，又或者像我这样的消费者，去高级点的地方都得在背后偷偷存好钱。我没有挥霍的资本，就算有，我也怕坐吃山空。

而舒适区就是你感受不到自己的委曲求全，看到喜欢的衣服买不起，就安慰自己去网店买件同款也一样，每天朝九晚五地上着班，等着每月不够开销的工资，以此反反复复地循环。

我们的穷，是骨子里的穷。根深蒂固无法忘记，有时候我也安慰自己，我并不穷，只是买不起少部分东西，可这么多年以来，我发现我根本不是买不起少部分，而是买不起好多好多我想都不敢想的东西。它就像一根刺一样扎着我，督促我努力前行。我们生来没有翅膀，却依旧渴望浩瀚蓝天。

3

可能有人会说，现在这个时代哪有我说的那么穷的人，觉得我大惊小怪危言耸听。

这个时代，打肿脸充胖子的人多了去了，他们不愿意

承认自己穷，在日常生活里假装自己活得很好，可是他们
能暂时假装很幸福，但不能假装一辈子。

在你看不起别人因为穷怕了，起早贪黑赚辛苦钱的时
候，你吃香的喝辣的，消费入不敷出。过了几年，别人靠
打拼过上了自己想要的生活，你可能只有去羡慕的份了。

居安思危这个词，我是长大以后才知道的，简单点
说，就是你现在的生活顺风顺水没有问题，但你得预防一
下以后可能会发生在你身上的措手不及的事故。

就像我的那台电脑，每天小心翼翼地用着，我怕它突
然哪一天就坏掉了，一旦它坏了可我没有准备好钱买新
的，我就得面对自己未来好长时间都不能用电脑的窘境。
我悲愤自己居然拿不出钱来换掉它，还要时刻担心它死机
以后再也打不开来。我怕它坏，所以我就想着攒钱。

如果你怕以后用钱的地方太多，一下子拿不出来，你
此刻就得为了这个可能去挣足够多的钱。

因为穷，所以我们要每天都居安思危。

4

有段话是这么说的："我并不爱钱，但我知道钱能带
来独立和自由，我爱的是独立和自由的生活。"

如果可以，谁愿意每天挂在嘴边的只有钱，还不是为

了钱背后的自由。

有时候我受不了长辈们"唯钱论"的说辞，他们告诉我，找对象一定要擦亮眼睛，要找家庭条件好的，因为我穷，所以他们给我匹配的对象都必须是不穷的。但是我想说即使他拥有我想要的一切，我也想在将来很有底气地告诉他：面包我自己有，你给我爱情就好。但是现在关键是我没有面包，也不敢去要不对等的爱情。所以除了改变现状，跳出舒适区，我别无选择。

希望未来有一天，"我不要穷一辈子"会变成"我不会穷一辈子"。

不可说的经历，我建议你努力

1

我从小被家里人教育，要认清自己的家庭情况，不要大手大脚地花钱，不要虚荣不要攀比。每每教育完我，父母就会剥夺我的一部分零用钱，把金额越减越少。

这些看似真理一样的粗暴教育，把我从一个不想要就说不要就拒绝的正常女孩，变成了一个沦陷在自卑的漩涡里无法自拔的人。那些夺眶而出的委屈，不明所以的争吵，一次次拍打着我破裂的皮肤，直到血肉模糊，开始腐烂。

我听到的永远是别人家的孩子多懂事、多聪明、多优秀，你为什么不行？慢慢地，连最后的那点自尊心都被消磨殆尽，像只听话的小狗，打一顿之后扔一块骨头，便兴奋地摇尾巴。

就在这样的日子里，突然有一天，我被各种各样的恐惧所迷失，不知道自己为什么活着，无时无刻不在害怕，害怕失去这一切，又或者说我发觉自己的听话已经让我仅有的都失去了。

他们联手，把和别人不一样的我"掐死"了。没有人愧疚，也没有人道歉。

2

如果可以回到过去，我想抱抱那个努力讨好别人懵懂无知的小小的我，告诉她不要隐藏自己，不要接受安排，不要听他们的话。因为我从未来回来，事实证明他们是错的。

不只是我，我的那些朋友、同学、堂兄妹之中有人也有着相似的遭遇，他们有的自暴自弃妥协了，有的奋发图强留在大城市再也不回来了。

我知道唯一可以拯救自己的方法就是拼尽全力筑起一

个保护自己的壳，努力地变好、变优秀，让这个壳变得坚硬无比，无坚不摧，这样才可以无所畏惧。

我不想再当一个什么都不懂的小孩，傻乎乎地妥协和逃避，一如既往地懦弱。

3

"他们"不是特指谁，而是指那些一直存在着的反作用力，那些用来打压你的梦想、你的野心、你的蠢蠢欲动的各种力量。

"他们"吓唬你不要离开人群，不要独自行动；"他们"告诉你哪条路不应该走、哪些事是错的；他们告诉你，你应该听话。

但是我觉得，虽然一个人走着，会战战兢兢，害怕走错害怕摔倒，可是我始终记着一句话：感到害怕就对了，这说明你正在做勇敢的事。

成长大概就是把从前的那些不被理解、怀疑、否定通通打碎，用行动证明给别人看，我可以做得很好。

我们披荆斩棘地过来，把阻拦我们的障碍物一脚一脚地踩下去，不是为了证明他们无知，而是通过摆脱无知遇见更好的自己，去更好的地方后，拿出来祭奠死去的天真和回不去的童年。

所以，请努力一点，用努力抚平这些年委屈难过时抓出的裙摆褶皱，愈合那些悄声无息腐烂的伤口。

4

我很少跟身边人提及以前的经历，我觉得懂的人自然懂，不懂的人我也开不了口，说一次回忆一次，每次都不一样不完整，我知道自己开始遗忘了，不再揪着过去不放。

以前努力和别人一样，然后又努力和别人不一样，始终都没有让自己满意。现在努力学习，努力工作，只是想活得自由快乐一点。

从前的不可说，是促使我努力下去的动力，像没看完的小说，没涂满的填色油画，都是不完整的。不断努力，是想等到人生完整时用最好的结局来讲述罢了。

如果努力没有用，那就去拼命

1

前几天我看了一篇文章，看得泪流满面，文章里面写了一个成功人士，那个人是个注册会计师。成为注册会计师之前，他一直生活在农村里，后来读了一个三流大学，工作后待在了一个负能量爆棚的圈子里，受到了特别多的嘲讽。

可他照样戴着耳机，心无旁骛地听着周杰伦的《东风破》做习题，后来成功考取了注册会计师后，一听《东风破》就想做题。

当时就是看这段把我给看哭了，连我自己都摸不着头绪，我哭什么啊？冷静之后，我想我哭的是自己的不争气。和他的努力一比，我什么都不是。

2

原来我想拥有的东西，从来不敢拼尽全力去争去夺，我害怕别人得到，更害怕自己因此丢了面子。

我常常挂在嘴边的就是"努力"，而它最大的用处，就是让我成为一个口是心非的人。喊着要努力的我，常常在晚上看着指针划过十二点，然后催促自己赶紧上床睡觉，因为熬夜伤身。最喜欢的就是安慰自己，告诉自己：你已经很努力了，别太拼，身体健康才是最重要的。

想想这些借口，简直数不胜数。

我和那些成功者的区别，显而易见了，他们恨不得拿命去努力，而我呢？

海子说过，忍住你的痛苦，不发一言，穿过这整座城市。我没有痛苦，有的只是来自最底层的挣扎，但是很多时候我的挣扎只是惺惺作态，说到底还是没有一腔孤勇的拼命劲儿，全是在感动给自己看。

3

你们知道人类最大的武器是什么吗？

是豁出去的决心。

这是日本著名作家伊坂幸太郎得出的真理，对此我深信不疑。

我在文章开头讲述的那个主人公，不就是靠着豁出去的决心一步步走向成功的吗？

可能这类人有时候太遥不可及，他们总是能用现在的成就，自动覆盖掉曾经一贫如洗的岁月。我们能想到的永远不是他曾经有多惨，而是他现在有多少荣誉、有多辉煌，也许这样的例子无法成为大多数人去拼命的理由，因为有些成功是不可复制的，我们再努力都不可能成为他们。

但是让自己变得更好还是很有必要的，普通的我们，不用有很大的目标，但得有一个不得不去拼命努力的理由，督促着我们前进，让今天的我们优于昨天的自己。

4

　　我的朋友小陶是个很普通的女孩，初中的时候她的成绩并不好，有人问她高中想读哪个学校？她想都不想就报出了我们全市最好的重点高中。

　　同学们啼笑皆非，有的人甚至将她狠狠地嘲笑了一番。

　　最后，小陶并没有实现她的目标，她的分数连重点线都没上，她曾经的豪言壮语成了所有人进高中前茶余饭后的谈资。

　　说到这里，想必小陶该放弃努力了吧，因为她的努力一点用都没有，别人吃喝玩乐考的分数和她不相上下。

　　小陶确实颓废过一阵子，但是后来她想通了，开始更加卖力地学习，三年高中她几乎没有请过假，她知道自己底子不好，因此不敢轻易地漏掉任何一节课。

　　如果努力没有用，那就去拼命。这是小陶的原话。

　　高考的时候小陶也没有考得像大家想象中的那么好，但她去了一所很不错的一本，学了热门专业。初中的那些曾经和她成绩不相上下的同学，早就被她远远地甩开了几条街。

5

有一次我和小陶聊天，我问她："是什么支撑你坚持下去的？"

她说没有什么坚持不坚持，心里全都是不甘心，所以只能死撑着。

我一直没有说的是小陶的身世，她妈妈在她很小的时候就走了，以至于她从小在后妈和同父异母的弟弟身边委屈长大。

她爸爸从来不关心她，只是过年的时候会问问她的成绩还有弟弟的成绩，然后拿来对比。如果她的成绩稍微差一点，就会被调侃，说什么姐姐居然比不过弟弟之类的话。

小陶想过离家出走，她觉得自己在这个家里只是个外人。不过那时候小陶还小，没办法实施这个想法，最后她还是决定好好学习，用实力打他们的脸。

我本来以为自己会听到很励志的回答，没想到小陶仅仅是因为不甘心，才努力了这么多年。虽然答案很普通，但其实小陶在踏实努力学习的过程中，得到了非常多的快乐，得到了老师的照顾和看重，得到了同学的欣赏以及家人的刮目相看。那些都是她曾经想要的，现在全部得到了。

6

　　谁说成功是要成为大众意义上的社会地位很高的那种人？得到了自己想要的，和以前的自己比，现在的自己更加优秀，更加幸福，这其实就是成功的。小陶在我眼里就成功了，她得到了自己想要的，并且提升了自己的价值。

　　别再踌躇不前了，冠冕堂皇的理由那么多，你有没有想过，自己将沦落成一个怎样的人？如果你下定决心想要改变，任何人都阻止不了你。

　　很久以前我看过一句话：我们拼命努力是为了赶上那个被寄予厚望的自己。

　　是啊，我们委屈难过的时候，会把所有的希望放在将来的自己身上。你还记不记得，自己曾经咬牙切齿地对自己说："以后，我要变得很厉害，让那些瞧不起自己的家伙大吃一惊！"

　　所以，如果努力没有用，整理好心情准备去拼命吧，这样才能让将来的自己不后悔，毕竟你已经用尽了全部力气。

第三章

·
·
·

有见识的姑娘，
活得更高级

好好的姑娘，凭什么要被你们看不起

Facebook 首席运营官谢丽尔·桑德伯格在 TED 讲坛上和大家探讨"为什么我们缺少女性领袖"的问题，她说到在帮助女性实现自己的职业目标时，非常重要的一件事是"Make your partner a real partner（让你的伴侣成为真正的伴侣，意为让婚姻中男女更平等地处理家庭事宜）。"

这是我前几天看的一本书，读到这段引用颇有感触，突然想来谈一谈女性为什么总是被歧视的话题。

1

我们都知道很多女性在事业方面比男性做的还要好，把事业打理得井井有条。

但歧视女性的人还是存在，他们总是用一副"你懂的"的表情问："一个女的怎么可能年薪百万？"

你们听到过最多的例子是什么？我有一个远方亲戚家的姐姐，有一次她回家的时候，街坊邻里看见二十几岁的姐姐开着豪车，用着名牌，议论纷纷，于是一下子整个小区全都传开了，什么版本的都有，什么被包养了，昧着良心干不正经生意了等等。

这些话传进了姐姐家里人的耳朵里，家里人开始急了，害怕女儿真的没好好工作，连忙打电话过去劝说："囡囡啊，在外面要好好工作，要踏踏实实的啊，不要学坏了。"

另一头，晚上十一点多刚刚下班的姐姐哭笑不得，刚刚忙完紧急的工作，准备回家接着写资料，正发愁晚上要通宵了，突然接到父母打来的莫名其妙的电话，关键是父母这电话是什么意思？

这是比较典型的例子，年纪轻轻的女孩买得起豪车，用得起名牌，真的不是天天吃饭睡觉打麻将、一把年纪清闲在家的阿姨们可以理解的。

2

信息化的时代，我想告诉那些阿姨，年轻人的赚钱方式应有尽有。

学软件的大学生钻研开发了一款游戏可以卖多少钱你们想象不到，大学生创业一个月净利润多少你们想象不到。

女生其实一点都不弱，有的甚至很强大，完全可以凭借自己过上想要的生活。前几天我一个同事刚刚休完产假回来，还在哺乳期，早上六点不到小孩子就醒了，她就得起来料理，上班时间婆婆带着小孩子在宿舍，小孩子饿了就得跑回去喂奶，边工作边照料孩子。下班了还要回家给老公烧饭，你看出来了吗？很明显的对比，女方比男方做的事情要多，可以说全能了。

所以，凭什么是女的，就要被看不起？她们洗衣做饭还兼顾着事业，不是很了不起吗？

3

很多人说女生以后找个好老公嫁了，这辈子就不用愁了，我也经常被这种说法洗脑，可是好多事实告诉我们这事真的不靠谱。

我表姑今年三十二岁，结过两次婚。她二十二岁的时候嫁给了我的前姑丈，前姑丈英俊潇洒，家里做点儿生意，在我们那边算是有钱人家了。婚后表姑很快就为他生了一个女儿，其实我从来没有见过我前姑丈，这些事情都是听家里亲戚说的，亲戚们经常对他议论纷纷。两年后表姑又为他生了个儿子，照理说儿女双全，家里应该是其乐融融的，但是她婆婆不待见她，嫌弃她这个不会那个不会，只会花钱。后来前姑丈出轨了，两家就开始了无休止的争吵，她婆婆说她自己老公都管不好还瞎嚷嚷，也不嫌丢人，还说表姑倒贴她儿子，她儿子从来没喜欢过她。

　　这场婚姻最后是以离婚收场的，表姑离婚的时候二十六岁，两个孩子都留给了前姑丈，最好的年华，本该收获好的工作好的爱情，但她却以这样的结局收场。

4

　　女生，难道不应该靠自己的努力，赢得尊重，赢得平等的爱情吗？

　　受到歧视的两种情况：第一，你足够优秀，他们的歧视是因为嫉妒你。第二，你足够差劲，那你就得把这些歧视当作动力，去促使自己变优秀。

　　如果有一天，你向那些歧视你的人低头，这才是真正的可怕。你不会受到歧视了，反而开始歧视别人，你觉得他们真像年轻时候的你，自视清高，但是到头来还不是要向命运妥协。自己做不到的事情，认为别人也一定做不到，吃不到葡萄说葡萄酸，可悲又可怜。

我经常告诉自己，别好吃懒做，浑浑噩噩。因为我不想将来成为那种对外面世界一无所知的人，在毫无营养的圈子里，每天过着重复的生活，然后吃饭睡觉等死。

我无法坦然接受歧视，我受不了别人对我指指点点，受不了别人用高傲的不可一世的嘴脸对我说："姑娘，你这年纪得嫁人了，再不抓点紧就没人要了！"

单身不过寂寞，将就却是折磨

1

有时候我认为自己思考的问题很超前，当然这个超前只是针对我自身，是超越了我目前年龄的限制，思考人生中各种各样的，也许会发生在今后的我身上的事情。

我只要一想到以后，那些扑面而来的无能为力，没法拯救的人生以及没法摆脱的悲哀，就从头到脚感觉到一股寒气，它直逼我的生活，包围着我，束缚着我。

说我杞人忧天其实也没错，但如果我不去想，那些事情就真的不会来吗？看着身边的亲戚朋友一个一个毫无准备地接受相亲和逼婚，有的人脑子一抽就妥协了。这样看，提前思考一下以后会面临的那些突如其来，也不是一件坏事儿吧。

这样的话，我特别想问问大家了，未来，你可能会将就自己的感情跟一个并不情投意合的人结婚生子吗？

我的回答是：宁愿单着，也不将就。因为我读到过一句话：你要明白单身不过寂寞，将就却是折磨。

2

2018 年下半年有一部很火的电视剧《延禧攻略》，里面的尔晴费尽心思终于嫁给了傅恒，她很爱他，爱了很多年。可是傅恒爱的是女主魏璎珞，他喜欢的是善良、爱恨分明的姑娘。可他傻傻地以为，委曲求全跟一个不喜欢不了解的女人结婚没什么，他对她没有感情，自然也不会对他有什么影响。

相信结果大家也看到了，尔晴嫁给傅恒以后，渐渐把自己的本性暴露了出来，阴险恶毒，自私残忍。傅恒后悔了想离婚，可是后悔没有用啊，尔晴根本就不可能放开他。所以一旦你点头踏进婚姻，就真的是没有回头路可以走了。

归根结底，结婚要慎重，感情千万别将就。如果说你和你对象情投意合，相爱了好几年了，那可以早点领证结婚，但如果你还不了解对方的脾性，又被身边的人催着结婚的时候，千万不要想着结婚以后再慢慢了解。运气好，结婚以后你们互相欣赏，感情越来越好；运气不好，结婚以后对方满身缺点，你能怎么办？到那时，才真的是覆水难收。

3

说到找对象，也不是随随便便就能找到的。

就好比是言情小说和偶像剧里的那些情节，男主家很有钱，女主家又非常穷，这时候他们就很悬殊了，最后他们能走到一起，只能是那些不太现实的影视剧和小说里才会出现。

大多数时候我会这样想想，找不到合适的对象，找不到心动的人，觉得自己这辈子都要单着了。可是单着也比两个人互相折磨好太多了，至少单身自由啊。

4

詹迪·尼尔森说，遇见灵魂伴侣的感觉，就好像走进一座你曾经住过的房子里——你认识那些家具，认识墙上的画，架上的书，抽屉里的东西，如果在这个房子里你陷入黑暗，你也仍然能够自如地四处行走。

遇到灵魂伴侣的可能性会很小，但这并不妨碍你勇敢地去尝试和寻找，只是不要一头扎进去，找的累了就不想找了，就选择了将就。

真爱这东西很多时候看的是机缘巧合命中注定，但我从不怀疑，耐心的等待和适当的勇敢会让你在很大程度上不会错失掉真爱。

最后，愿你坚持自己，等待那个还不知道是谁的命中注定。

好的感情，从不是简单的互相喜欢

1

闺密来我家睡的那天，我们俩就感情问题聊到了凌晨两点。想法空前一致，认为好的感情、优秀的恋人是要靠自己去努力争取的，而不是只知道傻乎乎的等待，也许等着等着只会等来一个与你三观不合的人，而这个人会成为你一生的伴侣。

很多人认为只要两个人互相喜欢，感情一定能长久，也会成为幸福的一对。但感情真的就那么简单，只是你喜欢我，我刚好也喜欢你就足够了吗？

进入社会以后，谁都想找一个比自己优秀的，在人群中比较耀眼的存在，可是人家那么优秀凭什么会喜欢你？

很多时候我们都心高气傲，宁愿单身十几二十年，耗时间等一个惊喜，其实也不知道等到的是惊还是喜，非常的被动。

有一句话是这么说的：女孩优秀的意义是，坏男生不敢靠近你，好男生不会错过你。

你想要什么样的另一半，是得靠自身拥有的东西来匹配的。婚介手里不一定有你要的人，挑挑拣拣只会降低自己的标准，最后委曲求全，也不一定会有好结果，再说即便是众多相亲对象里最优秀的，放在外面看，也不见得会好到哪里去。你们说是不是？

2

一段好的感情，不是我喜欢你，你刚好喜欢我。而是我喜欢你，刚好配得上你。

姑娘们，赶快醒一醒，好吃懒做还整天爱做白日梦，霸道总裁是永远不会爱上你的。

换成男的也同理。光靠一见钟情，以及一股脑的喜欢是没有用的，时间那么长，激情跑不过，喜欢留不了，能继续的只有两个人之间刚好一样又互相吸引的优点。然后互相欣赏，互相尊重，互相扶持着走下去。

3

《杉杉来了》那部剧相信很多人都看过，很多人羡慕电视剧里的女主角拥有熊猫血，继而可以跟公司大老板经常接触，才有了后来的幸福生活。

我觉得很多人都喜欢美化别人的成功，误以为自己也能做到。首先，女主角杉杉是通过自己的努力进了公司，然后才能被老板发现，而且她之后还自考了注册会计师，身价直接飙升了好几个档次，她自己已经有能力拥有美好生活了。她和大老板在一起是势均力敌，根本不是走狗屎运。你以为的那些，不过是你脑洞大开臆想出来的美梦，放在现实里，分分钟就会破灭。

难道没有人惊慌吗？你就不怕哪一天遇到一个很喜欢很想在一起的人，可对方太优秀了，就像你头顶最亮的那颗星星，可望而不可即。你根本不敢靠近，更别提告诉他你的心意了。这样的话会非常遗憾吧！

4

　　蔡康永曾说过一个例子：十五岁觉得游泳难，放弃游泳，到十八岁遇到一个你喜欢的人约你去游泳，你只好说我不会。

　　这样的例子比比皆是，我不敢相信运气，去赌一个不确定的人是否也喜欢我，可就算他也喜欢我，我的自卑会时时刻刻提醒我，我根本配不上他。所以，我们现在能做的就是不懒惰、不矫情、不做作，好好充实自己提升自己，等喜欢的人出现时，可以自信地告诉他："我喜欢你，想和你在一起。"

我只想和我想爱的人，体会奋不顾身

1

　　2018 年的热播电视剧《谈判官》里，男女主角的爱情深深地打动了我，他们俩经历了重重磨难，最终走到了一起，什么也无法分开他们。电视剧里有句歌词我特别喜欢：我只想和我想爱的人，体会奋不顾身。

这句话让我想起了一个朋友的真实恋爱经历，她和她男朋友不顾一切地在一起，跨越了重重困难，连我都深深地敬佩她的勇气。

2

前几天，朋友茜茜在电话里跟我说她到北京了，语速里带着兴奋，在电话另一边的我都闻到了浓浓的甜蜜。从武汉到北京一千多公里，却阻碍不了他们俩的相爱。

茜茜和老夏在一起一年多了，他们认识的方式特别奇特，简直可以用偶像剧的套路来形容。

茜茜和老夏是通过朋友圈认识的，有次茜茜和嘉琪约出去玩，餐厅等菜的时候，嘉琪翻着朋友圈，茜茜就在一旁看，突然就被朋友圈里一张照片吸引了，那是穿着军装的老夏。茜茜一时兴起说这个帅哥还挺不错，嘉琪一脸仗义地说一定给她要到联系方式。就这样他们俩阴差阳错地加上了微信，聊了起来。听说他俩在一起的消息，我简直不敢相信，感觉太不真实了。

3

这次茜茜又去北京看老夏了，他们俩是我见过最不顾一切的一对。你看，一千多公里都阻碍不了他们相爱。

老夏当兵，很少有时间去武汉看茜茜，他们在一起的时间少之又少。很多人会觉得他们两个就像存在于电视剧里的人，因为茜茜和老夏都长得很好看。当然，异地恋会有很多的问题产生，会让很多真正相爱的情侣被迫分手。茜茜跟我说有一次她和老夏吵得特别凶，提了分手，让他别来武汉了，而且她父母也不同意他们俩在一起，不靠谱。

他们吵架的原因是老夏不喜欢茜茜去酒吧，涂深色的口红。可那次吵架，第二天老夏就从北京跑去了武汉，送了茜茜一支很喜欢的口红，附带一张手涂的二维码。二维码扫出来是：程茜，我爱你。底下还写着老夏的全名。

当时我本来想安慰茜茜，没想到又看他们秀了一次恩爱，他们俩的感情真的是被大家羡慕的一种感情。但电视剧般的爱情，更多的是艰辛。茜茜愿意不辞辛苦从武汉跑去北京，老夏当然愿意不计后果休假出来见她，还有每次他们在高铁站告别的场景，茜茜总是忍不住一直在哭，因为不知道下一次见面又是多久以后了。

奋不顾身的爱情背后是鲜为人知的努力和心酸，我见你一次是一次，抱你一分钟希望还有下一分钟。

4

有人说工作这么忙，学业那么重，接触的人又少，遇到一个合适的结婚对象都好难，更别扯什么爱情了。想爱就能爱的话，才不会有这么多单身的。

王尔德有这么一句话："我们都在阴沟里，但仍有人仰望星空。"大多数人待在阴沟里，听天由命，却从来不曾抬头望一望头顶美丽的星空，我觉得很可悲。大家身处一样的环境，却有人已经在精神上得到了救赎。

等不到想爱的那个人，就应该放弃吗？放弃可以，毕竟是你的选择决定的结果，但我想恳请那些不屑于去爱的人，放过像茜茜和老夏那般不顾一切的人。因为有很多人知道星空的存在，他们正准备抬头，别挡住他们的视线。

5

我的观点很明显，如标题所说，很期待那个吸引我的人出现，然后去体会一下奋不顾身。

只要能去爱你，所有的人和事将变得简单起来，分成和你有关的、和你无关的。余生变成雨天有你一起淋雨很开心，窝在家里和你喝奶茶看电影很开心，只要我们在一起，每一分钟都像偷来的。和想爱的人在一起，任何时候都是快乐的。

就好像失散多年的亲人，有弥补不完的爱要给对方，老夏会为茜茜脱鞋子捂脚，而我期待的人有一天也会。也许这就是星空吸引人的地方，想象的都那么美好。

保持自己人格的独立，不顺从不盲从

1

2018 年机缘巧合地认识了田姐姐，之后我们就偶尔约着出去逛逛街、吃吃饭。过年的时候她发微信告诉我，她妈妈给她介绍了一个对象，几乎符合了她提出的所有要求，唯一的缺点就是有点矮。

她无法抉择，问我该怎么办？问我这个问题的时候，其实她心里已经有答案了，她不喜欢。今年听说她怀孕了，我们很长时间没见过面了，我一直以为她住在她老公家，前几天才知道原来她住在自己家，我们约出来逛街时，我听到了一个难以置信的事情，田姐姐是被逼订婚的。她的妈妈安排好了一切才告诉她，并且没有给她任何拒绝的余地。

我简直不敢相信，田姐姐才二十五岁就被逼着和一个认识时间不长的人结婚生小孩了。

我从来没想过，有一天我身边的朋友会遇到这样的事情，但仔细一想，我姑姑和表姐当年也是被逼着相亲，仓促结婚的。

有时候我也在恐惧，轮到我，我该怎么办？女孩子一把年纪如果不结婚，父母就会特别着急，他们不断地催促着甚至以死相逼，生怕你错过了最好的年龄，这辈子都嫁不出去。

2

我曾在天涯上看过一个帖子，他说他和他老婆是相亲认识的，双方父母很满意，便凑合着过日子。他们之间没有感情，只有捆绑。婚后的生活备受煎熬，每天下班都希望堵车，这样就不用马上回家面对妻子。有一次，孩子要上补习班，出口就让他转 3000 元过来，他叹了口气，就被指责没有担当。

没有感情的两个人组建的家庭，到处都是疏离和陌生，他们是临时演员，却要耗尽一生来演出。想想就很悲凉，本来遇到喜欢的人就不容易，还要面对父母以及七大姑八大姨的联手催婚，我们不是不想结婚，是一直没有遇到合适的人。血浓于水的亲人，又何必以死相逼呢？最坏的结果不过是单身一辈子，没有家庭和孩子。很多父母觉得这样做另类，可一辈子很长，家庭和孩子并不应该是我们生活的全部，如果没有遇到合适的人，单身也无所谓吧。

两个人结婚生子建立在相爱的基础上。因为爱，所以愿意为了对方去妥协和冒险，心甘情愿地被束缚，忍受做母亲的辛苦，让孩子在温暖的爱里长大。没有爱，一切都是逢场作戏。

3

很多父母对孩子的催婚，其实是亲戚邻居的随口八卦推动的，他们总是在茶余饭后来一句"你家儿子（女儿）有对象没？结婚没？"

其实他们并不是真正关心你的孩子，当你家孩子没到结婚的年龄而是在上学，就危言耸听地告诉你谁谁家孩子早恋跟人跑了，你家孩子得多注意了。

这些人不为自己说出的话负责。早恋不好，不早点结婚不好，理所当然地指点别人的人生。

有人二十岁结婚生孩子，也有人三十岁还没有对象，这些都取决于他们自己的选择。我们尊重父母，但也希望被尊重。

田姐姐那天跟我说她生完孩子绝对不当家庭主妇，她受够了问别人拿钱，还得一一列举把钱花在哪的生活。我经常在想，如果当初她没有被迫结婚该多好，也许就不会有现在的处境，也许会一个人过得很潇洒。

4

没有物质基础，你敢生孩子吗？

一个孩子的花销远远不止是奶粉、尿布和学费，但仅仅是这些就已经是很大一笔钱了。

就比如我一个亲戚的孩子，才刚上一年级就已经报了补习班，每天放学跟老师多学两个小时，好像一学期要三千多。字写得太丑，又去学书法，还有暑假班、寒假班等等。培养一个孩子还不仅仅是花钱，还要花很多的时间和精力去陪伴。

那么两个毫无准备的新手父母该如何处理各种可能发生的情况呢？真的别为了凑合就结婚。想起毛姆在《刀锋》里的一句话：一个人想要做自己认为对的事情，却免不了让别人不快乐。如果有一天你也不幸遭遇无法拒绝的逼婚，问问自己是否甘心不快乐。

这座城市风很大，愿你我披荆斩棘无所畏惧

1

小梦是我舅舅店里的员工，刚刚抱着一箱啤酒从我旁边经过，我和她笑了笑算打了招呼。

我记得第一次见她的场景，当时她背着一个黑色书包，倚在旁边的行李箱上泪流不止，眼神空洞，好像天要塌下来似的。后来我才知道，那天小梦丢了她身上仅有的800元钱，那是她家里很大的一笔钱了，是她父亲前一天晚上拿在手里数了又数给她的。小梦很自责，怪自己没把钱放好，给人机会偷了去。

舅舅经常没空看店的时候就喊我去看看，去的次数多了，我和小梦也就熟悉了起来。小梦刚来店里的时候做服务员，大冬天的，洗杯子、收拾碗筷都十分利索。孤身一人来到陌生城市的小梦和谁都能聊到一起，也许是太孤单了，总想找个人说说话，所以一口一个雯姐地喊我。那时我问小梦："你为什么要大老远跑到这边打工?"小梦说在家里一辈子就看到了尽头，想多开开眼界，还想要赚很多的钱给父母花。

2

算了算时间，小梦来这里快两年了，工资也从一开始的 2000 元涨到了 3500 元，工作也换成了在电脑旁算算账那么简单了。

小梦在这两年的时间里利用空余时间学习会计专业的知识，半年后考到了会计证，被舅舅重用，平时只要登记一下日常开销，店里缺人手的时候帮一下忙。然后一有时间她就会跑去图书馆看书，虽然没上过大学但还是很努力地想融进这座城市。

美国作家凯鲁亚克说："人在一生当中应该体验一次健康而又不无难耐的绝对孤独，从而发现只能依赖绝对孤身一人的自己，进而知晓自身潜在的真实能量。"这句话放在十九岁的小梦身上是那么贴切，她身上发生过很多我们不知道的事：小梦为了躲避骚扰的客人，关门太急把手指夹了没吭过一声；端茶倒水被喝醉酒的客人硬塞进兜里100元时的羞辱也没有声张。她默默忍下这些，望着大城市的夜景，一定还在想什么时候才能再多赚点钱。

3

每座城市的夜景都是一道亮丽的风景线，五颜六色的灯一闪一闪，倒影在湖面上随水波荡漾，路过的行人裹了裹身上的大衣，赶着回家吃饭或者赶赴一场约会，大部分人的夜生活才刚刚开始。

小梦说："雯姐，我很羡慕他们。"

我回头看着她一脸正经地说："不用羡慕，他们肯定也在羡慕我们，有这个闲情逸致喝咖啡赏夜景。"

我们俩为自己的乐观笑作一团，二十岁左右的年纪才刚刚触碰这个社会，和我们一样的年轻人一抓一大把，大家都满腔热血，好像刚发动的小马达，不达目的绝不停歇。

人生而孤独，偶尔快乐，但我们不就是为了那一点点温暖的可能，痴心不死，以沉默、以歌地努力活着吗？

4

后来我没再去过店里，也没再见过小梦。我找到了心仪的工作，在另一座城市里成了另一个为赚钱而努力的"小梦"。深夜打着哈欠敲着键盘，我告诉自己，我也要赚好多钱，给自己花，还要给家人花。

凌晨一点被电话吵醒喊去加班的时候，从被窝里爬出来的那一刻，我在心里问自己值不值？发工资的时候看着自己的银行卡上又进了一笔数字时，我想是值得的。

在这个残酷的世界里，一定有很多的人正在为梦想努力，愿你们常常与温暖并存。我们的日常生活也许可能只有发工资、正常下班、今天的被窝好暖和等等这些小事，但正是这些小事会一点一点陪你度过难挨的日子。

优秀的人，根本不缺男朋友

1

作为优秀的"单身狗"代表，我实在憋不住了。我想对那些不停问我私人情况的七大姑八大姨们说一句："我不缺男朋友！"所以以后请不要再问有没有男朋友这种问题，有的话我肯定就告诉你们了，没有，说明我还不想要。

第一，现在我不是大龄剩女。第二，谁说的单身就一定要有男朋友？别操心我了，我这么优秀，根本不缺什么男朋友。

2

之前我写过一篇《如果喜欢你那么卑微，我不要喜欢你了》，这篇文章我大概想表达的意思是遇见对的人的概率太小了，可我愿意等，等到三十岁，甚至更久。

很多人说没有谈过一场轰轰烈烈的恋爱，青春是遗憾的，但我还真过了期待一场受虐爱情的渴望时期。我想要稳定的恋爱，细水长流，自然而然的那种，先说一下我是90后，不是因为年纪大了，想要稳定。我认为一个21世纪的姑娘，接受了那么多现代化的东西，也应该改掉那些所谓的传统，这里的传统不是其他，就是关于找男朋友。

3

假如你回家告诉爸妈，这辈子我都单身行不行？你爸妈肯定会叫你别说傻话。

我也不敢对家里人说，如果没有遇到对的人，我这辈子单身都无所谓，我怕他们说我有病得治。但是如果真的遇不到的话，对我来说，还真不如单身。

我们都不敢反抗所有人认为的对，去做一个自由的人，因为我们从小受到的教育在潜移默化中影响着我们，但根本原因还是我们没能力封住别人的嘴，只能被迫听从指挥。

4

假如你看懂了我上面所说的，蠢蠢欲动地想反抗，我先问问你，你有没有独立的能力？有没有鼓鼓的钱包？有没有抵抗流言蜚语的勇气？

我的一个亲戚，因为家里催婚而草草地结婚生孩子了，结婚后，发现丈夫是被家里人宠坏的那种，什么活儿都不会干，宝宝是自己一个人辛苦带着，家里的家务也是自己一个人打理，因为带孩子没有收入，得催着丈夫工作。自己每天像个陀螺一样转啊转，今天担心奶粉钱，明天担心柴米油盐。

结婚前，她明明自己开着一家店，她头脑灵活还会做生意，所以月收入不错，心情好的时候可以时不时来一场说走就走的旅行，二十几岁就已经走遍了大江南北。

　　结婚前结婚后的这种反差，我想都不敢深想，所以，做决定之前一定得慎重！此刻的你如果和我一样年轻并且单身，那先恭喜你还有选择的权利。如果你已经到了该找男朋友结婚的年纪，那我想告诉你，听从自己的意愿去选择，不要为了敷衍什么而让自己后悔一辈子。

　　当有一天，你因为单身受到了歧视，你应该恶狠狠地怼回去："我这么优秀，根本不缺男朋友，好吗?"不过，我认为优秀的人是不会受到歧视的，人家会说某某这么优秀，肯定会找到优秀的另一半结婚。

5

　　其实，最重要的还是要成为一个优秀的人，才有真正选择的权利。

　　不知道，你们认不认识摄影师金浩森，他已经三十二岁了，还是生活得那么惬意。他年轻时候的梦想全部实现了，现在的他，一边做着自己喜欢的事情一边期待着那个她的出现。

　　等金浩森找到了另一半，我不会像有些粉丝一样难过地说偶像成为别人的了，反而会真心地祝福他，然后更加坚定地去努力，努力变成像他一样优秀的人，将来做一个有选择权利的女性。

正能量的人，传递给我的都是努力下去的动力，他们在我心里一直都是那个样子，无论是否单身。

愿你无人问津，也孤芳自赏

1

今天吃完饭后我和同事一起去散步，在路上，我们很惆怅地聊人生、聊未来、聊未知的一切，然后不禁感慨生活里处处都是炸弹，我们不知道自己此时此刻会点燃哪根线，也不知道它会在将来的哪一天引爆。我们接受教训的同时被迫去试错，慢慢地自己去定义这个世界的好坏，努力适应又不断厌恶着成年人的世界。

我们都在孤独地摸索着这个世界，很多时候，我们也许活得并不开心，每天麻木地低着头做自己的事，我们脚下踩着的是迷茫和恐惧，头上压着沉甸甸的"成人"二字。我希望可以像黎戈在《私语书》里写的那样："很希望自己是一棵树，守静，向光，安然，敏感的神经末梢，触着流云和微风，窃窃的欢喜，脚下踩着最卑贱的泥，很踏实。还有，每一天都在隐秘成长。"安静地做一棵树，踏实稳健地生长。在钢铁森林里偷偷地长起来，即使无人问津也要孤芳自赏。

2

这让我想起在上学的时候，有个叫周周的同学，她是我的后桌，一个很安静的女孩，上课不主动发言，下课也不吵吵闹闹，存在感很弱，可是她的成绩却一直在持续进步。所以每次考试分数出来我都会偷偷和她比较，那么安静的存在，成了我高中时期暗自较劲的对手。

我从来没有听过她跟别人抱怨自己因为粗心大意做错了简单的题，也从来没有听过她因为高分和同学们炫耀过，她总是独来独往，可我知道她一直在悄悄地提高自己。我一直把她当成我的假想敌，却从来没有超越过她。我第一次知道周周的时候，是因为她和我一样是我们班偏科非常严重的学生，曾被老师一同点名，可是后来差距就慢慢显现了。毕业那一年，我们学校考上重点大学的学生名单里有她的名字。

毕业后，有一天我偶然经过学校，看到她的名字被贴在了我们学校门口的大横幅上。我站在门口，一直在回想有关于她的记忆，串联起来一想，她无意间教给我的是关于坚持、关于不为人知的努力。她从来不是老师口中积极向上的学生，也不是天赋异禀的神童，在班级里没有什么存在感，可她从来没有忘记积极，总是一个人偷偷地努力，慢吞吞地追赶。

3

海明威《真实的高贵》里写道："优于别人，并不高贵，真正的高贵应该是优于过去的自己。"我心里的周周，就是那个高贵又不服输的姑娘。

毕业多年，每次想起她总是会让我躁动不安的心得到安定。超越别人太难了，让人想要急功近利，又焦虑又喘不过气儿。超越昨天的自己，才是最适合我们的自我提升。

一个人的追逐赛里，没有观众和掌声。像石头缝里长出来的树苗，刚开始不被发现，暗自攀爬，直到有一天长成了参天大树，纳凉的人们发现并开始惊叹于这个树苗旺盛的生命力。不鸣则已，一鸣惊人，与其在乎今天有没有超过别人，又担心明天会不会被超越，还不如做一匹低调的黑马。在所有人都觉得你很弱很容易被打败的时候，你已经悄悄长成了一棵不会轻易倒下的树，因为无人知晓的土地里蔓延着你的根须，那样多又那样茂密。

4

屹立不倒的参天大树，要先经过种子期、苗木期、发育期、繁殖期。繁殖期以后的增长才是被人们所发现的生长，在此之前它一直是独自生长，暗地里一点点稳固自己。我们的成长亦是如此，从咿呀学语到上学，再从普通的毕业生进入社会，没有任何优势的我们，可能不被关注不被理解，但千万不要因此自甘堕落。你得慢慢地积累，相信终有一天我们会进入繁殖期，被发现被欣赏。台上一分钟，台下十年功。想要登上人生的舞台，并不是一瞬间就可以成功的，而是需要在背地里付出持续不断的努力。

周周考上重点大学后，依旧没有放松。其实从高中时的成绩就不难看出，她所得到的都是她一点一点努力来的。她还是那个安静的不爱说话的女孩，还是那个不受他人影响低头做事，追赶一个又一个昨天的自己的女孩。我也相信，无论她未来的人生有多闪耀，她还是那个不骄不躁，踏踏实实追逐自己的女孩。

最后，愿你在无人问津的日子里孤芳自赏，不服输不放弃，也愿你是一棵参天大树的种子，可以最终长成一棵繁茂无比的大树，岁岁又年年。

姑娘你自信的样子，可真酷啊

1

我十一二岁的时候，总觉得别人的衣服特别好看，而自己的衣服邋里邋遢的，因此很喜欢穿别人的衣服。而亲戚家那些姐姐的衣服对我来说，就是用来满足我那不知为何生长的虚荣心的，以至于后来想想，都觉得那时候的自己像个小丑一般，穿着不合适的衣服，尽力表演。

高中以后，我才明白合身的衣服对自己来说才是最好看的。穿别人的衣服，只是衣服好看，穿在我身上不合身，其实并不能为我的形象加分。而且我每次穿别人的衣服时，会非常敏感。如果有人问我为什么我的衣服这么大，看着不太合适，我就会惊慌失措地认为对方发现了我的秘密并且觉得对方看不起我。

后来明白了以后，我总结出了一条自我暗示的方法：好看的衣服不一定适合穿在我身上，但合身我的衣服一定是我穿着最好看。当然，这样的想法始终是建立在自信这个基础上的。

2

不自信，简直就是我人生的一大憾事！

上学期间，跟别人逛街买东西，她们挑自己喜欢的颜色喜欢的款式。在她们左右为难的时候，我就不一样了，我买比她们稍微贵一点的那种。不是我有钱任性，而是那时的我太在乎别人的眼光了。我宁愿把仅有的零花钱全部花在不太喜欢的东西上，也一定要保护好我那颗可怜的自尊心。

如今想想自尊心算个啥呀，而且别人根本不会在意你买的是什么，自己开心才是最重要的，买自己喜欢的比什么都重要。可是当时的我就是想不明白，就是当局者迷，傻得不可理喻。

那个时候的我假装自己一点都不在乎别人的看法，把自己假装成一个自信洒脱又低调的女同学。其实别人根本没注意也不在意，我就是个拙劣的演员，捧着玻璃心自己演给自己看。

我讲自己的这段黑历史没别的意思，就是想告诉那些正在经历十几岁的小姑娘，千万别学我！在你眼里很重要的人或事，在别人那儿什么都不是，你以为别人在嘲笑你看低你，其实别人根本没空惦记你。

很多时候都是我们自己小题大做。

3

　　我很喜欢的女作家杨熹文曾写道：有一种自卑并且敏感的性格，一旦根植于心中，再好的向日葵种子也开不出朝阳的姿态。

　　如果我们长期处于自卑的状态，时间久了就真的来不及改变也不容易改变了。就像我小时候自卑的经历一样，时至今日自卑还是会在不经意间出现，来得悄声无息。但我现在非常清楚，自卑和不自信的内因是自己，别人只是微不足道的外因。因此，我会从内因着手，我会给自己鼓励和一些正能量的心理暗示，进行自我调节，也算是这么多年来总结出了经验，对症下药吧。

　　敏感使我多疑善变，但现在我已经不讨厌自己的敏感了，因为它很容易使我思考很多无厘头的、毫无关联的一些东西。这为我的创作提供了很多思路，对我来说是很独特的。

　　以前我觉得敏感让我失去很多，让我变得古怪、不合群。敏感加自卑更是雪上加霜，但如果换成敏感加自信的话，就会在生活里擦出很多火花，让人生变得异常精彩。

　　总而言之，自卑只会使你越来越卑微，它会在你不曾察觉的日子里逐渐蔓延，像病毒一样越来越多，难以去除，最终把你推进深渊，谁也拯救不了。

当然，自信不是你想有就能有的，悄悄告诉你，自卑的根源也是你发掘自信的根源。

4

你渴望拥有又没有的，便是你自卑的根源。这里的关键在于你总是揪着自己的痛处不放。

贫穷怎么了？长得不好看又怎么了？就算全天下的人都说你不行，你自己也不能默认自己不行，"天生反骨"要在这里表现得淋漓尽致。你得当自己坚强的后盾，酷成一个谁也不能打败的姑娘。

5

如果你想要摆脱自卑的自己，就勇敢地去努力，去追寻你内心向往的东西。当这些东西慢慢充满你的内心时，它们自然而然会带给你自信和内心的自由。

整天眼巴巴地羡慕着别人，舔着自己的伤口不去医治，你是想等别人施舍一点东西给你，还是怎么样？

这个世界上没有完美的人，也没有完美的生活，只不过每个看似完美的人都擅长遮住自己的不完美，向人们展露出最好看的那一部分。就像这句话说的："幸福不是因

为生活是完美的，而在于你能忽略那些不完美，并尽力地
拥抱自己所看到的美好与太阳。"

为什么女孩子一定得富养

1

　　我的同学小郑，是单亲家庭长大的孩子，妈妈改嫁，
爸爸工作特别忙。她十八岁那年谈了个男朋友，对她很
好，后来她书也不念了，离家出走跟男朋友回了他家，没
满二十岁就生了小孩。

　　这个女孩确实不是富养长大的，她从小缺少关怀，在
不懂爱的年纪遇到了一个会买零食给她，会嘘寒问暖的男
生，就以为遇到了爱，遇到了值得她豁出一切的人。

　　我朋友曾说过，吃腻了棒棒糖的女孩，才不会被男生
的几个棒棒糖给骗走，因为她自己也能给自己买。这样的
女孩会觉得一个棒棒糖，根本不能证明他爱我，糖衣炮弹
这种东西花点钱就能实现了。可对于从小向往棒棒糖，从
来没得到过棒棒糖的女孩，就会觉得这个男生真好，居然
满足了自己从小的愿望，就跟被灌了迷魂汤似的义无反顾

地跟着男生走了。

由此看来，富养对一个女孩来说真的太重要了。

2

我在这里所说的富养并不是毫无节制地乱给钱花，满足她们的一切要求，而是在力所能及的范围内给予她们来自家庭的关爱和基本的开销。让她们明白自己的家庭情况，又不留余力地爱她们。

包括我在内，很多人都有过羡慕别人的时刻吧？我们羡慕别人有玩具、有零食、有漂亮的衣服。其实穷人家的孩子也能"富养"，好的教育方式会使她们明白，即使没有充裕的物质生活，她们也能充实地开心地活着，理解父母的难处甚至懂事地替父母分担压力，不至于因为缺爱而缺少分辨是非的理智。

当然，有钱人家的孩子也不一定会快乐富足地长大，过分溺爱或者缺少陪伴也是不正确的富养。

我的同学小杨就是典型的例子。她爸妈是生意人，工作很忙，平时只能用钱来爱孩子。小杨从来不缺钱，但她缺少陪伴，以至于后来谈恋爱的时候很卑微，只要对方肯待在她身边，让她做什么都可以。所以，真正的富养在于家庭的教养。

早些年，熊孩子泛滥，不就是父母宠出来的危险品吗？小孩子做错事情，情有可原，但父母应该在第一时间给予正确的引导，指出他们的错误，时刻提醒孩子什么该做，什么不该做，而不是一味地以"孩子还小，不懂事"为借口纵容他们犯错。

3

如果可以的话，希望女孩子都富养长大。这样至少不会变得狭隘，见山是山，见水是水。看不见山后蓄意待发的饿虎，尝不出水里的异常，总是容易被自己的内心所蒙蔽，不愿意看清事实。

也许她们认为自己根本就没有做错什么。理直气壮地说她们也有追求幸福生活的权利。她们得到的爱越少长大后就越渴望。

这些女孩的选择，归根结底和家庭环境脱不开关系。但亦舒也说过："无论怎么样，一个人借故堕落总是不值得被原谅的，越是没有人爱，越要爱自己。"

这个世界总是很容易对女性存在偏见，我们能做的就是自尊、自重、自爱。当有一天自己为人父母了，也能用正确的价值观来教育自己的孩子。女孩子，越被看轻越要活得风生水起。

第四章

·
·
·

即便能力有限，
也千万不要没有底线

善良不是懦弱

1

小欣发了一张我以前的照片给我，上面写着：为什么你长得这么乖？

我仔仔细细看了一遍照片，还真的是很乖。可是我一点都不喜欢这样的自己。

从小到大我都很乖，不争、不抢、谦虚礼让，因为我害怕犯错，害怕惹家长生气，害怕惹老师生气，所以做任何事情都小心翼翼的，喜欢不说，想要不说，就连需要的也不去开口。长大后，才发现自己的愚蠢，以为乖一点就能得到多一点，却不知任性的小孩其实才是父母关注和付出最多的。

2

小时候的我们很懂事，但存在感却很低，往往得不到家长的回应也得不到老师的奖励，长大后我们开始习惯小心翼翼地讨好身边的人，努力得到大家的喜欢。

以前我们班上有个叫小彤的同学，爸爸是环卫工人，妈妈身体不好无法上班，家境的窘迫使她从小就很懂事，而且她学习非常努力，成绩一直名列前茅。

小彤人很好，班里不做作业的同学喜欢抄她的作业本，明明是自己辛苦解出来的答案，她却从来不拒绝别人。有次和她去操场散步，我无意间提起这个事儿，她很为难地说："我能很快否定自己，但不敢拒绝别人。"

她在不知不觉地讨好别人，很大程度上忽略了自己的主观意识，潜意识里认为自己不应该要求太多，害怕别人失望，害怕别人生气，所以对别人唯命是从，像个提线木偶，没有自我。其实她的内心也十分纠结，不明白自己为什么对别人如此心软，总是轻而易举地就答应了别人的条件，而对自己的意见否定得如此决绝。

小时候是懂事的乖孩子，长大后是懦弱的老好人。

3

我一直到现在都改不掉自己唯唯诺诺的性格，事后指责自己千千万万遍，下一次同样的事情再发生，我还是会一头撞上去。就好像你心里有个结，随着时间的增长越打越紧，慢慢融进血肉里，等发现的时候，它已经和你的身体融为了一体，想要取出需要承受极大的痛苦。

我曾经看过一个网友这样讲述：我小时候一家三口去父亲朋友家吃饭，饭前主人端来了一盘草莓，我特别想吃，但爸妈觉得别人没有叫自己吃，直接拿是很不礼貌的，我就吞了吞口水，懂事的看电视去了。后来吃饭的时候，草莓已经被大人聊天的时候吃光了，这件事情让我长大后对草莓有了一种执念，季节一到就天天想吃，后来也吃了好多次却始终没有吃出心里那盘草莓的味道。如果当年，哪怕吃一个都不会有现在这种执念啊。

我的心里也有一盘吃不到的"草莓"，是长大后也无法补偿自己的，我们现在唯一能做的就是再遇到其他喜欢的东西时，争取得到它，可以不留遗憾。再也不要因为别人，委屈自己。

4

朋友小萱，遇到看不惯的事会大声说出来，工作中受了委屈也不会一直忍气吞声，你想跟她吵架，她分分钟就跟你打起来，不赢不罢休。这样的小萱大大咧咧，从来不让自己吃亏，只取悦自己，也不在乎别人的指指点点。

小萱在大部分人眼里脾气不好，不容易相处，但其实她也有善良的一面，只留给需要帮助的人。她想得很明白，就像之前知乎上点赞很高的一个回答：为什么不让别人看到你善良的一面？因为如果他们看见了，就会期望我一直是善良的。

我们真的没必要去讨好谁，善良可以，但要有分辨的能力，不能把善良当饭，随随便便就施舍出去，那不叫善良叫懦弱。先不留余地爱自己，再去爱别人。

长大后我们看清了一些事情，但无力更改，我们能做的只有从别的方面加倍补偿自己，因为糖果不再是唯一一颗，你不用懂事也可以买给自己了。

愿你守住初心，不辜负不放弃

1

之前机缘巧合之下我得到一份在杭州的工作，我也是在那里认识了小苏。

当时她在杭州上大学，周末到我工作的地方兼职，我和她年纪差不多，所以很聊得来。后来我辞职回家了，但是现在我们在微信上还联系着。

前几天她发的一条朋友圈说：人生在世，就是不辜负每一次选择，下面附着某外贸公司的录取通知，我点进去看到了小苏的名字。

小苏大学学的专业是商务英语，毕业后得到了一份外贸公司的工作。别人可能并不知道她背后付出的努力，但是我在杭州工作的那段时间，是亲眼见到过她的勤奋的。为了不辜负自己的选择，不让大学四年的时间和精力白费，她从一开始就认准自己的目标，把自己的时间安排得满满的，除了兼职就是学习。

　　她非常清楚，既然已经选好了大学和专业，就已经没有什么后路可退了，因为走好现在的，未来才能得到想要的。

2

　　我一直都认为选择很重要，但选择以后的坚持才是你成功最重要的部分。

　　做出选择，只是给你目前的境遇开了一扇窗子，你真正难以跨越的，是夜以继日看不到头的努力，是每一个你想要偷懒放弃的时候，是不是可以硬着头皮坚持下去？

　　小时候不管遇到什么问题，问家长就可以得到答案，长大后的我们开始排斥别人替我们做选择，撞南墙的气势谁也无法阻止。可我们也该问问自己，当一切归于平静，反对的声音消失，我们是否能坚持如一，不辜负自己当初的选择。

　　奥地利诗人里尔克说过一句话："哪有什么胜利可言，挺住就是一切。"不忘初心，方得始终。

3

　　想起小学的时候，隔壁班的老师开设了毛笔字兴趣班，只需要每周六去练一下午，学费不贵，报名的时候我兴致勃勃。但是真正到了一周一次枯燥乏味的练习时，我就开始嫌弃教室里墨水难闻，课程无聊，在刚学完基本的笔画后就经常逃课溜出去玩。

直到今天，我的毛笔字水平还是停留在小学生阶段，而当时和我一起报名的同学，认真上课，勤奋练习，不久就参加了软笔大赛，还获得了名次。看着别人拿着奖品炫耀的时候，我心里特别难受，明明我也学了毛笔，为什么得奖的却不是我？

现在的我深刻地明白了一个道理：如果当初我像他一样勤加练字，得奖的也可能会是我，但是我当初并没有这么做。没有付出就没有得到是理所当然的事情。小时候贪玩无知，对待自己的选择更是随心所欲，喜欢就继续，不喜欢就放弃，辜负了家长的期望以及老师的辛苦辅导。

那些在我眼里很厉害的人，不仅仅得到了好的工作，好的比赛结果，还得到了提升自己、重塑自己的机会。

4

"三天打鱼两天晒网"是很多人的真实写照。他们半途而废，放弃一个又一个改变自己的机会，眼巴巴地看着别人变好，变优秀。优秀的人的秘诀不过是咬着牙撑到了最后。

以前在朋友圈看到过这样一句话：向上的路，并不拥挤，拥挤是因为大部分人选择了安逸。发这条朋友圈的是一位二胎妈妈，家庭幸福，老公是办厂的，自己还开着童装店，兼顾网上卖衣服，这些事情全部都是她自己一个人在弄。即使喊苦喊累但依然坚持着，看她偶尔发发牢骚，也能看出每一次辛苦付出的背后都是对自己满满的自豪感。她现在完全可以不靠老公养活自己和两个小孩。

你看，别人有了好的另一半、好的家庭都从未想过随便糊弄生活，而是勤勤恳恳正能量地去迎接挑战，不辜负自己的选择。她坚信自己会赚钱，遇到困难也从未退缩。捷克前总统哈维尔说过，我们坚持一件事情，并不是因为这样做了会有效果，而是坚信，这样做是对的。

有人大学选专业的时候，没有听从父母的意见坚持选了自己喜欢的专业，也有人放弃了高薪工作，追求自己的梦想。这一切背道而驰的选择，都会让你承受很多的压力，而我们能做的就是不忘初心，破除一个又一个障碍，不辜负自己的选择。以此证明，你是对的。

不要原谅坏人，而是原谅自己

1

那天接到云姐电话的时候我还没有下班，她说她现在在我工作的地方附近，下班了一起吃个饭。她的声音沙哑，情绪低沉，刚商量好吃饭的地点，她就自顾自地开始说："我要跟我老公离婚了，日子已经过不下去了。"

我一开始以为只是两口子吵架了，下班后急匆匆地赶到约好的餐馆，路上一直在想：这去年刚结的婚，怎么就过不下去了呢？后来才知道，她老公出轨了。

云姐和我落座一家小餐馆，才上好菜，云姐就忍不住跟我倒苦水，说到激动的时候更是放声大哭了起来，说自己遇人不淑，这辈子怎么这么苦，我急得都不知道该怎么办。

云姐已经四十岁了，还怀着孕，去年结婚的时候是二婚，我本以为这次她的好日子要来了，老公有车有房条件不错，却没想到这个命苦的女人，从未被上天眷顾过。

她第二个老公就是一个彻头彻尾的渣男，脚踏两条船不说，还仗着自己有点钱经常花天酒地和小姑娘搞暧昧。

云姐一直被这个男人蒙在鼓里，直到最近把所有的疑惑串联起来，才发现他就是个彻头彻尾的大骗子。

2

  云姐从小就被人看不起，被人认定是精神病，在她十三岁那年，因为跟厂里的一个小伙子很聊得来，老板娘就跑去告诉她母亲，说云姐年纪轻轻的有点不正常。

  云姐的母亲是面朝黄土背朝天的农村妇女，什么都不懂，被人一挑拨，就带着小女儿去看病了。看病的先生是个老中医，他那里也不是什么正规的医院，说云姐得的是精神分裂症，随意给她开了几副中药。从那以后，云姐就成了所有人避之不及的对象，因为大家觉得她有精神病。我至今都对那个老中医的医术抱有怀疑的态度。最让人难以理解的是，云姐的亲姐姐也因为这件事开始害怕她远离她，这使云姐更脆弱了。

  云姐十七岁的时候经历了父亲去世，随后最疼爱她的外婆也在她十九岁的时候去世了。她目睹了外婆的死亡，这给她留下了难以磨灭的阴影，也导致了很长一段时间她每天晚上做梦都会梦到外婆，感觉她还在身边。这使云姐的母亲认为她的小女儿病情更重了，心力交瘁地想带着她去外地看病，可那时的云姐自始至终都不承认自己得病，极力抗拒着一切。她越抗拒，别人越认为她病得很重。

云姐提起从前，她说她一直活在恐惧中，也因此很自卑，别人一个眼神就能让她浑身发抖。那些年没人理解她，也没人能拯救她。

3

老中医的诊断，无疑给云姐留下了一辈子的阴影。之后云姐的母亲认为自己的女儿已经不正常了，以后恐怕没有人要了，便把她送给了外地的一户人家，给人家当媳妇。这就是云姐的第一任丈夫，她备受折磨地待在外地。后来她生下了一个儿子，这个孩子成了她精神上唯一的支柱，支撑着她熬过了很多日日夜夜。

此时的小餐馆已经没有多少人了，云姐边哭边对我说："这些年我一遍遍地在心里告诉自己，这里才是我的家，我总有一天会回来的。"可她的第二次婚姻，再一次伤了她，本以为自己终于摆脱了之前的一切，遇到了可以托付一生的男人，可以重新开始生活了，没想到造化弄人。

云姐和第一任丈夫离婚后，是去年嫁给这个人的。喝他们喜酒的那天，我都能感受到云姐满脸的幸福。虽然看着比云姐矮半截的新郎，有些突兀，但也不禁感慨，这就是真爱吧。

那天，云姐向我吐露实情，不禁让我心疼起这个四十岁的女人。刚怀了宝宝的她精神状态极差，一直在哭，哭自己的人生怎么这样艰难。

云姐的经历比电视剧里的情节更悲惨，更曲折，所以也就更让人痛恨那些带给她伤害的人。我告诉她："不要原谅坏人，而是原谅自己，你自始至终都没有做错事。"可她却是最痛的那一个，根本无法释怀。

4

云姐的经历教会我的，不只是如何去分辨人的好坏、事情的对错，更多的是如何在逆境中保持好心态。即便面对生活的打压，也要心怀期待，靠自己坚强的意志鼓励自己活下去。因为人只有活着，才有机会享受生活，也只有活着，才能证明自己值得这一切的打击，值得看见狂风暴雨后的彩虹。

廖一梅说，很多人疼一下就缩起来了，像海葵一样，再也不张开了，最后只能变成一块石头。要是一直张着就会有不断的伤害、不断的疼痛，但你还是像花一样开着。你所受的苦、所经历的痛最终会塑造出一个更勇敢更坚不可摧的你，那个你向往美好也拥有异于常人的意志。这样的你比温室里的花朵更坚韧、自由、骄傲。

不要再逞强了，来我的怀里懦弱吧

1

前几天在微博上看到一句话：你问我为何时常沉默？——有的人无话可说，有的话无人可说。我瞬间被击中，表示深有同感。

你是否有过那么一段沉默的时期，最好的朋友不在身边，最亲的人不能理解，又或者说你的沉默寡言源自每天和你待在一起的人，你不能也不知道该怎么去交流。你甚至恍惚，一度怀疑这个世界上没有地方可以安放你孤寂的灵魂。

孤独是你一个人的春夏秋冬，狂风暴雨都得自己来扛，无人可以倾诉，也不愿意把柔软的那面袒露给任何人，只能缩在自己的壳子里假装坚强。

我以前在语文课本里学过一篇叫《寒风吹彻》的文章，里面有一句话是这样说的：每个人都在自己的生命中，孤独地过冬。当时懵懵懂懂听语文老师费劲地讲解，可有一天忽然醒悟过来，孤独本就是人生常态，从前那些都是雾里看花。热闹终归是世界的，孤独才是自己的。

2

　　周末，一个人窝在寝室看《迷失东京》，感受过气明星和年轻女人的孤独。我很好奇是怎么样的孤独能把两个毫无交集的人联系在一起，甚至能互相给予对方心灵上的慰藉。

　　结尾的时候两个人拥抱告别，差点把我看哭了，明明没有一点煽情的部分，却让我有种《泰坦尼克号》生离死别的错觉。他们一起度过了难以忍受的黑夜，喧嚣的城市把他们俩的灵魂靠得如此近，但最终还是迎来了分别。

　　那时候没有网络没有手机，如果说了再见，就真的很难再见了。况且两个人都已婚，根本没有时间和理由再相聚，而他们之间相见恨晚的默契，也只能永远地留存在内心深处，用来对抗之后的孤独。

　　我有时候在想，为什么现在的人宁愿把自己的苦衷，告诉从未谋面过的人都不愿和家人或者朋友说，为什么会愿意去信任一个陌生人？是因为需要用不真实来保护脆弱的自己吧，想要有一个地方倾诉，又不想影响正常生活，如今网络的发达真的给了我们许多便利。

　　就像此时此刻的我敲下一段文字，同你一起感受孤独，解剖孤独，然后在某个难熬的时刻告诉你，我理解你，因为我们同病相怜。

3

之前我总是会莫名其妙地收到读者信息，他们告诉我说最近的状态很不好，或者提出要加微信互相学习。我很抱歉，那时候受宠若惊，有点懵，几乎都是统一回复说自己也还在学习状态。那时候确实是刚写作不久，不知道该如何对待我的读者，慌乱又有点茫然，也许你们只是想找我聊聊天而已，我却不知道该如何回答。

可能是因为我的文字写进了你心里，也可能是因为我写出了你想说的话，反正不管是哪种可能，让你对我产生了信任，我都愿意陪在你身边，倾听你的故事和烦恼。以后"小树洞"尽量在线，有什么难过的苦恼的事情可以统统告诉我，也许有时候我不能感同身受，但至少你是需要一个倾听者的，而我愿意做这个倾听者，也愿意为你们保守秘密。那些难以启齿的无法向身边人倾诉的事情都可以来找我，你说，我来听。

"不要再逞强了，来我的怀里懦弱吧。"在微博看到这句话的时候，真的有被击中。如果有人在合宜的地方又刚好对我说这句话，我肯定会泪流满面。因为长这么大真的很想找一个地方发泄自己，把所有这些年压抑的情绪释放出来，但成年人的眼泪有时候也只有借助那些刚好的感动，才能让自己尽情地哭出来。

4

有时候身处喧闹之中，却发现恰恰是这种无所不在的喧嚣成就了我们的孤独。

即使活在众目睽睽之下，也只能感受到自己的温度，身体靠得很近，而心与心之间却隔着遥远的距离。所以现在有很大一部分人喜欢二次元，愿意活在不切实际里，这样至少彼此的心紧紧地靠在一起，生生不息。就像我们之间的交流，透过文字接连了天南海北的你，心与心之间慢慢靠近，不必相见也能互相慰藉，哪怕给你一点点的安慰也足矣。

世界那么大，你过得好吗？

你那么忙碌，却还是一无是处

1

我以前在知乎上看过一个问题：你见过最不求上进的人是什么样子？

其中一个点赞很高的回答是这么说的：我见过的最不

求上进的人，他们为现状焦虑，又没有毅力坚持行动去改变自己。

很多人不知道自己该干什么，也不清楚自己想要什么，却羡慕别人事业有成、生活惬意。明明自己也很努力很忙碌，却一直没有别人过得好，比不过别人就开始嫉妒，抱怨出身不好、社会不公，认为别人的成功都是靠关系得来的，反过来夸自己堂堂正正。现实却是你堂堂正正地接受安逸，任由自己懒散，不敢面对一无是处的自己。

比起毫无胜算的努力，嫉妒更轻松一点。

2

"闲得慌"一族，大致来说可以概括为生活过得太安逸，时间太充裕，闲得不知道该干什么，于是拿起手机看朋友圈，看短视频，在不知不觉中就把时间打发了的一类人。

被打发的时间里，你可能有过一瞬间的不安，觉得自己浪费了时间但又不知道如何改变现状，但是时间长了，你就会变得麻木不仁。一天翻几次朋友圈，看几百个视频，好像形成了一种习惯，好像那是一个有报酬的工作，你不得不去做。看似忙碌的生活，让你渐渐地和别人拉开了距离，原本是一场相互较量的马拉松，却变成了你的必败局。

你是真的很忙碌，还是太无聊了，无聊到把游戏娱乐当作每日必做的事情。

懒散是一条恶虫，它会侵蚀你的大脑，让你误以为自己很棒很厉害，可遇到真正有能力有才华的人后，你才发现自己什么也不是。可是你不愿意认清现实，不愿意承认自己真的很没用，更不愿意努力了还得不到想要的。

3

想起我以前上学的时候喜欢看《爱格》杂志，它的每期封面都很好看，其中一个我印象比较深的模特叫牛泽萌。2016 年的时候我还和她在微博上聊过天，之后我毕业工作了就没怎么玩微博了，也就没再关注她的近况。后来有一天突然发现她居然成了湖南卫视的签约新人，工作是和何炅老师他们同台录《快乐大本营》，真的把我惊到了。我居然间接见证了她的成长，也不敢给她发信息说什么恭喜，现在她有三十几万的粉丝，而且这两年我一直都没有冒过泡，假的老粉丝，她应该不记得我了。

看看别人的两年后和自己的两年后，瞬间觉得自己的时间都拿来吃吃喝喝荒废了，觉得自己还需要更加努力。其实我讲她的例子就是想告诉大家：别人可以过上令人羡慕的人生，为什么我们不可以？

别人无时无刻不在为自己想要的人生铺路，忙碌奔波于各个城市的角落，只为了离梦想近一点再近一点，而我们本就处于劣势，却自怨自艾，没天赋还没有上进心。勤奋工作加上无休止的学习是我们这些普通人摆脱现状的必要条件，从来都不是可有可无的。你可以低到尘埃里，但不能就此纵容自己一无是处一辈子。

4

任何不公平的开始都不足以决定一切，更不会决定你的一生，如果起跑线太低你无法改变，就应该在之后的路途中更努力地追赶，缩小差距。

我身边有不少亲戚买车买房落户在了大城市，他们说起家乡，嘴上总是说怀念小时候的时光，但我们都清楚，他们小时候很苦很穷，因此很珍惜现在拥有的生活。他们时刻庆幸自己当初足够努力，才换来了从前想都不敢想的生活。因为当初哪怕偷懒一点点，都有可能让他失去这些。

也有一部分亲戚，习惯在庸常的生活里自娱自乐，他以为的岁月静好，其实是自己给自己亲手打造的童话。在条条框框的生活里，偷懒一点再一点，但是一旦有外界的一些刺激打破这个童话，他将不堪重负，很容易被生活压垮。

我没开口拒绝，不代表接受一切

1

你的善良，必须有点锋芒。

善良需要锋芒？乍一听感觉很矛盾，这两个词组在一起怎么看怎么别扭，但这句话有很多人认同。他们一定是在某种程度上受到过善良的教训。

上培训课的时候，成悦姐和我们说过她自己的真实经历。一个自称是她粉丝的人，经常发文章让她给修改，成悦姐好心给他改了，久而久之他就认为这个是理所应当的。

过年那段时间，成悦姐没有时间帮他修改，这个粉丝就暴露了本性，说成悦姐怎么怎么样，摆架子。

人家帮你不是本分，好吗？

假如成悦姐一开始就拒绝了，那这个粉丝可能早早地就暴露了本性，成悦姐也会遭到同样的指责。但事实是她没有拒绝，好心改了几次，最后被骂了。如果是我的话宁愿一开始就拒绝，毕竟吃力不讨好的事情，没人愿意做。

可这种情况，任谁都料想不到结局。

2

善良，是与生俱来的。

我们大多数人经历过教训，就会铭记于心，但总有些善良的人会再次给那些变本加厉的人机会。他们很容易心软，总是编出理由骗自己，而事实往往摆在那里，变本加厉的人只会越来越厚脸皮。

朋友阿黎是我的一个笔友，她曾经跟我抱怨过一件事。

阿黎之前把存了好久的 5000 元钱，借给了她最好的闺密，之后她的闺密就失联了。当时明明约好一个星期就还的，然而事情已经过去一个月了，一个月之后阿黎还是不肯相信她的闺密欺骗了她，还在猜想她是不是出事了？

后来她知道了闺密的人品，跟我哭诉起来，以前闺密就经常问她借钱，约定时间到了也不还，常常拖到阿黎自己没钱花了，问她要她才还。阿黎一次又一次傻傻地把钱借给她，因为她觉得如果不借的话会影响她们多年的友谊，但是这次阿黎终于看清了。这 5000 元是她存了好久的，想用它报一个心仪已久的培训班，是她咬着牙吃着泡面省下来的。当时闺密还取笑她，没想到，现在她就这样名正言顺地拿走了这笔钱，不还了。

3

　　阿黎的不懂拒绝，带来的不止一件糟糕事。还有一次，阿黎的同学小飞喜欢她，每天送情书，送巧克力，还找阿黎的朋友帮忙，让她们帮忙说好话。阿黎同寝室的人天天给她吹耳边风，说小飞多好多好。有一天寝室长认真地问她："我们说了这么久了，你答应吗？"阿黎言不由衷地就应了。第二天小飞高兴地请了她们全寝室的人吃饭，可是阿黎一点也开心不起来。熬了一个多月，还是小飞脚踏两条船，阿黎才提出的分手。

　　我听了气得牙痒痒，我问她怎么就不知道拒绝呢？她说就是不想伤害人家，不好意思说。

　　我想对阿黎说，媒婆来给你相亲，你不好意思拒绝，嫁给了不喜欢的歪瓜裂枣，婚后三观不和，你不能怪媒婆，只能怪自己没主见。

　　同事要去约会，要你帮忙加班，你不好意思拒绝，最后把自己必须要完成的事情搞砸了，同事不会替你承担责任，你只能气自己不懂拒绝。

　　我真希望每个人都可以拥有辨别人心的能力，一眼就知道哪些人是真正需要帮助的，哪些人是在坑蒙拐骗。

你不是不优秀，只是不够勇敢

1

曾经在一个群里跟小凯聊起"如果男生喜欢上一个女生，是直接告白，还是等自己有能力了再说出喜欢"的话题，小凯的观点是再喜欢也不能委屈了女孩，要先有能力再说喜欢，他说他不愿意让喜欢的女孩跟他一起受苦。但我的意见恰恰与他是相反的，喜欢就告诉人家啊，等到你赚钱了有能力了，人家不一定还是单身啊，感情这东西实在是等不起的。你想着以后优秀了有钱了再去告白，但如果对方也喜欢你，对她而言你就是优秀的，无论有没有物质基础，她都愿意和你一起承担。

很多时候我们都会自以为是，以为喜欢的人看不上自己，觉得自己还不够有能力去爱。其实没有别的原因，要么人家真的不喜欢你，要么就是你不够勇敢不够主动。

2

　　小凯本身很优秀，但他不敢去跟他喜欢了很久的女孩告白，他怕自己没有能力照顾好她，更怕她被自己耽误。

　　雨果曾说："真爱的第一个征兆，在男孩身上是胆怯，在女孩身上是大胆。"

　　当你真正爱上一个人的时候，你会自卑会胆怯，甚至不敢拥有。难道真的是自己太差劲吗？不是的。这种时候，你需要跨越的是自己的心理障碍，而不是寻找一个出口，去努力赚钱去变得更优秀。你喜欢一个人，你的第一反应应该去告诉对方啊，你在私底下努力去变好。但是等到你认为自己足够优秀的时候，她也许已经是别人家的了。她不是不等你，是你从来没有告诉过她。

3

　　不得不说时机也很重要。我们看偶像剧的时候，男女主角会错过对方以及误会对方好多次，但最终他们还是会解开误会克服重重困难在一起。但我们的生活哪来那么多偶像剧的情节，错过就是错过，误会也不一定能解开。只要你不说，她永远都不会知道，不会知道你有多么喜欢她，也不会知道你为她做了多少事情。喜欢就要说啊，你不说，如果她也刚好喜欢你，却以为你不喜欢她，而你们就此错过的话，该怎么办呢？年轻的时候，遇到爱就不要顾虑那么多，等你到了一定年纪，你想爱也有能力爱了却很难遇到那么心动的人了。

我也不喜欢《陌上花开》里说的那般"心仪一个人，是我一个人的事，就让我站在角落里，偷偷看着，心有余响，口不出声"。你知不知道人这一生遇到灵魂伴侣的概率有多小？喜欢就去尝试，去让对方知道。如果不行，你再花时间走出来，而不是默默地喜欢着，也不知道对方是否心仪自己，就这样长长久久地耗着，耗着你一个人的时间。

4

其实很多时候，特别是进入了社会，我们都不太愿意去关注别人，大部分时间都在低着头干自己的事情，也许不会有时间去体验纯粹的爱，也没有一颗为了某人可以豁出去的决心。

一旦进入那种心态，几乎不会有人会轻易地放下自尊去喜欢，去爱，大家都变得战战兢兢，害怕被伤害，害怕结果不是自己所期望的那样。既然如此，就不会去尝试，不会去做一些"无用功"。因此，当小凯说他的想法时，我就很难理解了。那时候的小凯快大学毕业了，他喜欢的女孩小他一届，他说等自己毕业了，有能力后再考虑追求她。等他大学毕业，忙着工作忙着各种琐事，虽然以爱的理由在努力着，可那个女孩也许等不到他有能力，因为她不知道有人为了她在努力着。

有时候她根本不需要你很优秀很完美，因为你们之间一旦产生爱，她喜欢的是你这个人，而不是你身后遮风挡雨的物质依靠。你们可以一起努力和憧憬，获得爱情的同时，一起进步，共同优秀。至少那时候，她可以等你。

你的负能量正在一点点摧毁你

1

去年很长一段时间里我都处在一个充满负能量的状态。端午节的时候，因为工作的原因不能回家吃饭，晚上就待在办公室看新买的书《无声告白》，书里弥漫着讽刺和压抑，好几次走神想到了自己的生活状态，心里特别难受，但还是硬生生把眼泪憋了回去。

下班回宿舍，路上很黑，我抱着书又想哭了。负能量爆棚的我看到什么、听到什么都是想的不好的一面，就像我从篮子里拿出一个草莓，小心翼翼地拿出来，突然一不小心，"啪嗒"一声掉到了地上，摔成了一摊泥浆。我当时怔住，看似没有坏掉的草莓居然已经从中间腐烂了，然后我就脑洞大开地想到了自己，负能量的自己。

我居然觉得自己就是那个草莓，正在一点一点腐烂，虽然外表暂时看起来没有问题，但内里已经千疮百孔，没有人可以拯救我。想想都很荒谬。

到达寝室，收到了我妹妹发来的信息，说她考上了重点高中，我由衷地高兴，这是我那段时间听到的最好的消息了。准确来说，应该是终于听到一个正能量的消息了，正是这个消息，慢慢拨开了我眼前的迷雾，让我明白原来这个世界有人努力有人成功，只不过我被自己心里的阴霾遮挡，看不见罢了。

2

我想起了从前的自己，那个正能量的快乐女孩，整天嘻嘻哈哈，笑容满面，好像没有什么能将她打倒，现在却整日愁眉苦脸，泪流满面。我的负能量一直在侵蚀着我，让我无法开怀大笑，感受不到新鲜的空气，看不到美好的东西。

《外婆的道歉信》里的外婆说："要大笑，要做梦，要与众不同。"外婆提倡的是一种健康的生活方式，是在间接告诉她的外孙女要用正能量对待世界，而我们很多人在潜意识里觉得不受伤就是健康的。

假设家人、老师、同事、领导分别扮演着他们自己的角色，而"我"扮演的自己是由自己控制的，我们的负能量也许是来自外界的压迫，但最终展示一个什么样的"我"出来，还是由我们决定的。也就是说，你的负能量和正能量，其实可以自己控制切换，从前的我接触的人和现在接触的人没什么不同，为什么我会变得负能量？

以前我经常看励志书和喜剧电影，周末期待着和同事的约会，一起逛街吃大餐。然而我现在哪也不想去，喜欢发呆，觉得生活好无趣，也没有什么值得期待的人和事。

我从白天走进黑夜，把世界从白色变成黑色。是我拒绝了一切，因为一些小事耿耿于怀，变得狭隘、严肃、低气压。

3

我再也不想向任何人展示自己负能量的一面了，真的太糟糕。它使我认为自己丑陋不堪，像怪物一样，无法靠近别人。我想拥抱我喜欢的人，想和大家聊一聊最新上映的电影，想和好友一起吃饭、逛街、度过愉快的一天，而不是把自己锁进"小黑屋"，任由自己被孤独侵蚀得体无完肤。

想起了我的小外甥，今年刚两岁，会走路，也会简单的词语。我去他家的时候，他会甜甜地喊我姨姨还朝我笑，小机灵鬼一个。他有时候做错事被他妈妈骂，挨完骂，哭一会儿，哭完了咧嘴一笑，难过的事情就忘记了。

我有时候在想，学习孩子的处事方式何尝不是一种解脱，至少小孩子不会抓着难过的事情不放，人最终还是要自己放过自己，自己成全自己。何必把自己捆绑得那么紧，有些事情无能为力，那就好好照顾自己，过好自己的生活。

如果人生真的是先苦后甜，那之前的苦一定是为了让我们更珍惜以后的那些来之不易的甜。至少我这样安慰自己。

你做事的态度，决定着未来的自己

1

前几天我看小米在微信朋友圈说自己失业了，我开始回想这个人，这个曾和我共事了一个多月，然后突然被领导开除的姑娘。

她上班的时候总是边玩手机边工作，老同事明里暗里不断提醒她不能这么悠闲，她就是不放在心上，嘴上应承了下来，但是过一会儿就忘。而且她每天总是心不在焉的，活也干不好，一天到晚给老同事添乱。上班时间玩手机吃零食被领导撞见了好几回，扣工资了也一点都不难过，最后她被告知去领钱走人的时候还迷迷糊糊地问我们怎么就被炒鱿鱼了。

正经事不关心不积极，整天沉溺在自己的世界里自娱自乐，做任何事情都没有态度，任谁都不敢要这样的员工吧！

你做事的态度，决定的不只是别人对你的看法，也不只是"成败"两个字这么简单。当别人开始厌倦朝九晚五的工作时，你连朝九晚五的机会都没有，当别人兢兢业业地工作，期待受到领导重用公司提拔时，你在担心着随时会被领导炒鱿鱼。

时间久了，慢慢地你就会找不到工作，但是你也没有能混饭吃的本领。于是每天都活在自我否定与自我怀疑中，没有生活的动力，没有努力的方向，就只能一辈子碌碌无为。

2

想起很多年前的一件事情，至今都令我记忆深刻。那是关于我初中数学老师的一件事，其实说起来是当年的数学老师改变了我，他教会我认真地去对待每一件事，包括那些我没把握没尝试就选择了放弃的事。

初中的时候，刚开始学"勾股定理"，难倒了班上一大片的人，当然我也不例外。但我并没有因为自己不会做那些练习题而难过，因为我从心底里就认为自己是个数学不好的人，既然"勾股定理"那么难，我做错了一大半其实也是理所应当的，比那些全部错的人好太多了。

那天，数学老师改《每课一练》（数学练习题）改得很生气，他说没有收到《每课一练》的同学晚自习下课后留下来。我抱着侥幸的想法，觉得自己可以蒙混过关，可是我等啊等，就是等不到我的。在我想不通数学老师为什么要留下我的时候，他把我叫了过去，摊开我满是错题的练习册，指着一个题目让我重新算答案。

我在心里快速地算了一下，敷衍地报出了一个不是整数的答案，他没说话，问我怎么算的，我就按着我的思路，又算了一次，这次把题目的正确答案算了出来。

他对我说："这不是会做吗？这么简单的题目，怎么会做错这么多?”当时我都懵了,后来听了老师梳理的解题思路瞬间头脑清晰了好多,觉得有的题真的是很简单的。那天回寝室的路上,我第一次意识到自己好像并不是数学不好,也不是天生的脑子不好的人,而是无法端正态度,无法认真地去对待那些看似很难其实并不难的事情。

3

后来,我的数学突飞猛进,考试的时候数学成绩能排进年级前五。在所有人震惊又不敢相信的时候,只有我自己知道,数学是我人生中第一次克服心理障碍,认真去对待的事情。我之所以最终会取得成功是因为对待这件事情,我的态度不再是得过且过而是死磕到底。

去做一件事情,你不会不明白没关系,关键是要端正好自己的态度,耐心地去做,即使完成不了,认真探索的过程也是很有意义的。

像小米那样,把自己封闭在一个环境里,拒绝向外界探索也懒得出去的人,必然体会不到跨越一个又一个难关的喜悦,更看不到黑暗中隐藏的机会。那是带你看见光和亮,看到更好的生活、更好的你的传送门。

每次想起当年那个数学老师,我都会反省自己:这件事情是不是用心去做了,是不是尽了全力,是不是不再自以为是地否定自己。不再自我怀疑，也不再待在自己的世界里沾沾自喜。

我一次次地试验出，认真去对待的每一件事都有它隐藏着的好处，你做事的态度也决定着未来的自己。

4

有时候我也很理解，为什么世界上绝大多数人都是平凡的。因为我们生于平凡，也甘于平凡，做任何事情都是得过且过，秉承着多做多错、少做少错、不做不错的理念能过一天是一天。不断地跳槽也许就是为了寻找能容忍我们懒散的地方，而不是为了升职加薪、提升自我、改变生活。

当然，这一切也可能源于我们自以为是地认为大家都差不多，都是一样的懒散，都过着一样的生活。可是那些从一开始就认真与生活较劲的人，他们不会在意环境，他们也没时间来劝告你，他们只顾着埋头努力，勇敢地迈向一个又一个更高的台阶。他们清楚地知道，去了更好的地方才能发现自己的差距，因此一点都不敢松懈。而小米，她不知道也没办法理解，这是很悲哀的事实。

虚荣心膨胀的女孩，最容易迷失自己

1

我有一个同事，阿莉，年纪和我差不多大，房间里有个专门用来装口红的盒子，大概有十几二十支口红，全是各种大牌子。她买衣服都是在实体店，一次可以花掉上千元，对我的那些网店同款嗤之以鼻，她总是光鲜亮丽地出现在大家面前，出手也是极其大方。

最近听说她在蚂蚁花呗欠了一万多元钱，我们岗位工资极低，存一年都可能存不了一万元钱，她欠了这么多怎么还得起呢？

阿莉的家里也不是很有钱，她不敢跟家里说，于是自己在外面找了兼职，每天五点半下班后匆忙地去赶公交车，因为兼职的要求是要在六点二十前赶到。兼职工作非常辛苦，是在一家酒店做服务员，需要端茶送水收盘子，晚上九点半才能下班。

一天工作十二个小时以上的阿莉，脸色越来越憔悴，我怎么都无法把现在的她和原来的她重叠在一起，就像是灰姑娘会在十二点整变回原形，一切的不切实际，都如梦幻泡影。

2

有多少人过着精致的生活，吃的、穿的、用的都是最好的，一个月的消费远高于工资，像阿莉一样？

大学里，又有多少人是刚拿到生活费就出去放肆消费，和你那些所谓的朋友们在酒吧里纸醉金迷，以为那样就可以融入大家的圈子。

又有多少人不想承认自己家境普通，总觉得自己应该属于有钱人的行列，花大量的钱买高档品来掩饰自己，仅仅是害怕失去所谓的尊严。

阿莉及时清醒，辛苦兼职决定摆脱这种无意义的生活。她曾很认真地跟我说："虚荣心要比你们想象的更可怕！"但却有很多傻姑娘像《请尊重一个姑娘的努力》里所说："我见惯了因为各种原因富裕起来的姑娘，她们钻进跑车，一个晚上就能消费掉我一周的工资。"于是她们执着于寻找男朋友，用更多肆无忌惮的消费来满足自己，好像那些东西真的是属于她们的一样。

这样做的结果就是虚荣心逐渐膨胀，再也无法摆脱灯红酒绿的生活，最后迷失自我。

3

  这个时代的女孩儿总是习惯于和别人攀比，别人有的东西就理所当然地觉得自己也应该有。花钱大手大脚，丝毫不克制，把自己当作富二代一样的生活。

  有的女孩儿对金钱没有丝毫概念，也许是从小到大被父母捧在掌心里，从来没有体验过赚钱的不容易，所以父母的心酸自然不懂。

  我上中学的时候，有一年暑假我去一个亲戚的工厂里做了一个月的手工活，完成一个几毛钱，一天大概能挣二十几元钱。每到下午的时候我总是困得不行，一直打瞌睡，但是手上的工作却是不能停的，所以那个时候我无比希望开学，这样就能早点结束暑假工。

  打工的体验至今让我记忆深刻，我就是从那时候开始明白钱的概念，体会到对廉价劳动力来说一元钱都是来之不易的。

  我常常告诉自己：钱，应该花到每一件有意义的事情上，买不起的东西暂时就不要买了，毕竟你是个大人了，需要有点自制力。

4

一开始我不明白为什么阿莉放弃那个看起来光鲜亮丽的自己宁愿去做又脏又累的工作。后来才知道，原来是她再也受不了临近还款日期时那种战战兢兢的感觉，每时每刻都在担心自己还不上钱，最后不得不点击了分期付款，只能看着自己的欠款数额一点一点增加。

她开始心烦意乱，上班走神，工作犯错，生活好像被控制一般哪哪都不顺心。她开始明白：虚荣心带来的是负债累累，是身心俱惫。

现在的阿莉因劳累外貌有些憔悴，可我却看到了她骨子里的朝气蓬勃，还有那克制住欲望的坚定。

可能很多人无法像阿莉一般摆脱虚荣心，每个人经历的过程不一样，但我有一个诚挚的建议：女孩子没事的时候可以多看点书。毕竟"腹有诗书气自华"还是有一定的道理的。

5

喜欢买东西的姑娘不如在空闲时间看些书，既不乱花钱又能提升自己，能安安静静看书的人，比用大牌口红、穿昂贵的衣服的人更加让人欢喜，前者是靠自带的气质，后者是靠表面的装饰。

很多人说："读书是门槛最低的高贵。"我也非常认同这句话，因为没有人会觉得喜欢买书的人是虚荣败家乱花钱的人。而且看书可以提高多方面的知识，得到很多感悟，还能沉淀出越来越好的自己。

人生这条路很长，路上会遇到各种形形色色的人，有好的有坏的，我们常常随波逐流不能一眼区分，但我们可以通过读书思考，保持清醒的头脑和独立的想法。远离攀比和盲目消费，买些自己真正需要的东西。

亲爱的姑娘，说了这么多只想告诉你：脚踏实地会比不劳而获带给我们更多的东西，别让虚荣心指挥着你浪费了最好的奋斗年龄，要知道这是最好的时光，是最好的自己。

你有多放肆，就有多不堪的生活

1

无意间看到某个博主转发了一条"写给姑娘的 10 条建议"的微博，里面的每一条都让人拍案叫绝！

虽然里面的每一个"不要怎么样"我都没有中招，但我身边中招的大有人在，在她们眼里我就是个异类，一点都不懂她们的江湖。

其实，我根本就不屑。

因为她们中很多人对生活的放肆，恰恰是对自己的放弃，你有多自律，就有多自由。你有多放肆，就有多不堪的生活。

2

我的同学小木，中学时期就开始化妆，戴着当时风靡一时的美瞳，所以她的眼睛在我们同学中间格外显眼，但我并不觉得好看，甚至觉得有点恐怖。

她还特喜欢披头散发，但学校规定长头发一定要扎起来，每次班主任一走，她就立马把头发放了下来。小木同学的张狂，让她一下子成了我们班级的焦点，大家格外羡慕也争相模仿，有次起立的时候我看到她脚踝上有文身，没过多久，班里就有几个同学也文了起来。

学生时代的那股"潮流"，我硬生生地没跟上，比起那些看似很酷很有范儿的行为，到今天我都坚持认为，"酷"不是流于表面，而是要有独特的想法，独立的思想，不随波逐流，要能够为自己的行为负责。

到毕业的时候，小木同学是我们那届唯一一个没有毕业证的女孩。我不知道她以后会去哪里，在什么地方工作，出校门的时候，她和她的朋友笑嘻嘻地聊天，商量着等一下去哪里玩。

那一刻，我才发现自己和她的区别，她敢于挑战老师、家长以及学校的威严，却不敢对自己的未来负责。

3

很多人都在私底下讨论过小木同学，大多数人最终都会一脸羡慕地说她家里有钱，日子不会过得多差。

可再好的父母，为你付出的再多，如果自己过得不充实，自己都不在乎自己，又有什么值得炫耀的呢？

生活不可能事事如人意，一味考虑眼前的开心，不考虑后果的人，除了给父母增加负担，还在用最粗劣的方式加速消耗自己的青春。我们不会一辈子都不长大，最怕的是等你幡然醒悟的时候已经无能为力了。

不懂得克制自己的人，社会也不会一直放任你。

我的小表姑，今年二十四岁，上学的时候三天两头跟老师吵架、跟同学闹矛盾，初中还没念完就被退学了，后来她读了职高。

毕业到现在，她换了无数个工作，每次的原因都差不多，无非就是同事不好相处，领导太严厉。如果前几个工作是同事不好相处而辞职，不能怪她，但如果十几二十个原因都如出一辙，这就是自身的问题了。

从小到大都是她父母跟在她后面给她收拾烂摊子，她从来不用担心有过不去的事儿，直到进入社会，她才气愤地发现几乎所有人都不待见她。愈演愈烈的放肆，变成了家庭灾难，表姑开始把怨气带回家，三天两头地和父母吵架，像个没长大的孩子一样。

4

直到今天，我的表姑那么大个人了还是时常失业，工作很不稳定。她不知道自己该干什么能干什么，而且总是喜欢以自我为中心，不论在任何地方都让人觉得难以相处。这些不是别人有意为之，是她把自己放任成现在这副模样，那些年放任生长的暴脾气，刻进了她的骨子里再难以改正。

随着年岁的增长，她和别人的差距已经不是一星半点了。曾经替别人打架出头的时光一去不返，她口口声声的江湖也不复存在。这个世界一直都在淘汰没有用处的人，生活的不堪使得她在人前没有了放肆的底气。

此时此刻，我也坚信，你所有目中无人的放肆，都会在将来的某一天以不同的方式悉数归还给你。不必疑惑，那是年少时的你射出的一支箭，多年以后，不偏不倚射向你自己而已。

第五章

· · ·

学会成长，
不要空留一身疲惫

学会理解自己，是对自己最好的成全

1

前天晚上和朋友去 KTV，她们唱歌喝酒，我什么都没有干，一直在假装玩手机。朋友问我："你不唱歌也不喝酒，那你来干吗？"我笑嘻嘻地说是特地去看他。

其实我非常清楚自己不适合 KTV，不会唱歌也不能融入那种氛围，但我去了。有时候我真的很不了解自己——我是谁，我喜欢做什么，我该做什么。我从未理解过自己，甚至有时候会厌恶自己，厌恶自己在生活中又呆又蠢，到处遭人嫌弃。厌恶自己学不会圆滑世故，总干一些别人无法理解的事情。

我以为是自己不够好，时时刻刻充满了自责。直到有一天我看了《阿甘正传》，在里面听到了一段经典的对话："你以后想成为什么样的人?""什么意思，难道我以后就不能成为我自己了吗?"

　　看到这段对话的时候，我突然醍醐灌顶，我不是谁，也没有非做不可的事，我自始至终要做的就是取悦自己，理解自己的不完美不合群，这就足够了。

2

　　理解自己不会唱歌不够机灵，理解所有别人擅长我却不擅长的，才能看见自己的优点。

　　在我苦恼自己唱不好歌，但是也不好意思去练习的时候，我的内心充满了煎熬，明明不适合却要逼着自己去适应。强扭的瓜不甜，硬逼自己学会的歌也不会唱得开心。这时候我对自己失望透顶，总是指责自己什么都不会，渐渐对自己失去了自信心，这样的状态又怎么能发现自己的优点呢?

　　别人都是一个劲地展示自己擅长的东西，不会拿自己的短处和别人的长处做对比，而我却样样都想像别人一样厉害，导致三心二意，什么也学不到，反而忽略了自己擅长的东西。与其这样，倒不如理解自己的不完美，欣赏别人的优势，注重加强自己喜欢的那个方面，岂不是独一无二，各有千秋。

3

朋友小天很喜欢成群结队地出门玩耍，和大家在一起的时候她很爽朗，整个人看起来肆意又张扬。但其实本质上她是个很文静的女孩，她在朋友面前的表现和她平日里的行为一丁点儿都不像，但是她不知道自己应该成为谁，或者说她不知道怎么做自己。

她们一块出去玩的女孩子，大多都是外向而且热情的，和她们待的时间久了，小天就会想成为像她们一样的人。时间越久，越不知道自己适合什么样的生活模式，而且在不适合自己的地方待久了，会以为自己就是属于那里的。

试着更关注自己一点，你会发现眼前的迷雾豁然开朗。不是自己太差劲，是我们总是把目光放在了别人那里，不愿意分一点点给自己。

4

没有人生来就完美，也没有人规定每个人都要把生活过成一个样子。

　　我从小到大听多了长辈们对我的不好的评价，可我已经来到了这个世界上，与其活在别人的唾沫里无法呼吸，还不如成全自己，活成自己最舒服的样子。

　　成全自己，我们要做的就是学着理解自己，就像理解父母赚钱不容易、老师上课很辛苦的那种理解。理解自己的不完美，理解自己和别人不一样的地方，从而明白我们自己也是需要被理解的。守护好那脆弱的独一无二，找到自己擅长的东西，并专注于它。

　　随波逐流以及怨天尤人对我们根本没有任何好处。好的是我，不好的也是我，不管别人是否接受，我们都要接受那个也许没有那么好的自己。

羡慕别人的同时，不要忘记走好自己的路

1

　　临睡前我看了一篇文章，标题是《95后的你有多少存款了》，我跑去留言，说自己没有存款而且焦虑。

　　攒了大半年的钱，出省旅个游就没了。怎么能不焦

虑？这相当于兢兢业业地工作了大半年，出门潇洒几天，回来后又得夹着尾巴重新攒钱。

相比朋友圈的朋友，我总觉得自己是最穷的存在。别人晒限量版的口红和包包，今天去海边散心，明天去草原放飞自我，午餐是日式三文鱼寿司，晚餐是西式牛排。

但在抬头仰望别人的同时，别忘记走好自己脚下的路。羡慕归羡慕，那从来不是你自甘堕落的理由。

你的焦虑是因为别人过得比你好，但归根结底是你没想明白自己想要什么，你把你看到的一切都当作自己原本也可以拥有的。可转身一看，你的生活一片狼藉，任凭你怎么挣扎都不行，有些东西你就是得不到，这种极度的不平衡导致了心理的扭曲。

青年作家卢思浩也说了，有时候羡慕别人的生活，只是一种逃离。你想逃离现在面对的现实，活在别人营造出的美好生活里，醉生梦死。

不能什么都和别人比。每个人都有适合自己的差异性，有钱人天天吃燕窝鱼翅，穷人天天吃粗茶淡饭，对于他们自己本身来说每天吃的就是填饱肚子的东西，可就是有人要去比较东西的价值和好坏，偏要让自己嫉妒得睡不着觉，这不是自己给自己找罪受吗！

一个人总在仰望和羡慕着别人的幸福，一回头，却发现自己正被别人仰望和羡慕着。羡慕别人的同时，不要乱了自己的节奏，走好自己的路，因为你的生活也可能正被别人羡慕着。

2

羡慕别人优渥的物质生活，这无可厚非，但是不要只想着攀比，你家和别人家本就不同，你得想想自己应该怎样摆脱攀比虚荣的心理，如何让自己转移注意力，专心走好自己脚下的路。别人的父母做生意经商，孩子吃穿不愁，我们的父母本本分分打工挣钱，尽力让孩子过上比自己更好的生活。我们要努力做父母眼中的骄傲，让自己将来有能力报答他们的养育之恩。

羡慕，应该是我们努力的动力，而不是促使我们越来越平庸的麻醉剂。

3

每个人都有属于自己的生活，出生不是我们可以选择的，但我们可以选择怎样过好自己的生活。

《焦虑的中产》里有一段话：贫穷对一个人来说并不

可怕，可怕的是贫穷而不自知，穷而不思变，穷而安于现状，甚至认命，这样的人，往往被贫穷一生捆绑和纠缠，最后只剩下抱怨、不满和麻木。

抱怨和焦虑只会让你丢了原本拥有的那一点点，最后连普通的人生都会失去，到那时你只能在别人的光环下苟且，你连羡慕都不敢生出，因为你已经什么都不敢妄想了。

你可以羡慕别人，但绝不可以因此迷了眼乱了心。走独木桥最忌讳东张西望，一不小心就会坠落身亡，走得稳才能走得好走得快。你走过去，就会发现属于你的人生也是独特而美好的。

我们总是不断地说再见

1

前几天办公室的同事们陆续离职，我安慰所有人，离开的，留下的。我说离别是为了更好的相遇，都是为了以后能得到更好的生活。但是轮到了我，我才发现回忆这东西，在离别之际总是汹涌澎湃，脑子里的画面会一遍遍地倒放着，从我刚踏进单位的那一刻开始，这里的点点滴滴都是我记忆中无法磨灭的部分。

人的一辈子很长，会去很多的地方，遇见很多的人，我们都是感性动物，会留恋不舍，会痛哭流涕，但是即便有很多的不舍得，也必须要转过身大步地往前走。

我想过很多遍自己的职业方向，曾经还发誓以后一定要做自己喜欢的工作，过不一样的生活。可今天，当我要正式告别从前，要开始新的工作、新的生活的时候，心里却有种说不出来的压抑。我把离别看得太简单，以为把所有的东西搬回了家，说了再见，就真的是告别了过去。可是，真正的离别是那种悄无声息的，会在不经意间钻进你的思绪里，在某个平凡的时间点、细微的细节里让你压抑、难过却没法说的一种情绪。正如那句话所说：令人怀念的根本不会是同学、同桌、同一首歌，是所有这些年不知不觉又从不停止的失去才令你泪流满面。

2

从小到大，我们不断地认识新同学、新朋友，也在不经意间失去了很多人，说着一辈子不分开的儿时玩伴，后来去了不同的学校，就再也没有见过。

我和露露是小学时候特别要好的朋友，但是初中以后就没有在一个班级，感情就渐渐淡了。如今大家都毕业工作了，我突然在一个很平常的下午想起了她，想问她最近过得如何，还记不记得小时候的那些事，可打开所有的社交软件都联系不到她了。彻底失联的朋友，还是会让我惦记着，会想象着假如我们在某个地方巧合地相遇，那会是怎么样的情景？

有一天我走在下班回家的路上，天已经黑了，下车的时候，我在站牌那里重逢了露露。尽管我们很多年没有见面了，天黑得让我看不清楚她的脸，可是她打电话的声音传进了我的耳朵，我立刻就知道了那是谁。那次的重逢，她没有看见我，我也没有喊她。初冬的傍晚冷得我直打哆嗦，我裹了裹外套，深深地看了她一眼，然后就直接往家的方向走去。

我们再也回不去从前了。我们之间隔了几年的空白，无论怎样填补都补不回去。如果此时此刻你理解我的那种心情，那一定知道我想说的是什么。

再好的朋友，不经常联系就真的不会联系了。

3

说了再见以后，一定要再见啊。人都是这样的，时间久了不联系，会不清楚对方最近在做什么，忙不忙，会变得不敢打扰。而很多人，便是这样一步步地失去昔日好友的。

我一直都觉得自己不善于交际，没什么朋友也不爱热闹，日子久了就会依赖那些一直有接触的人，比如朝夕相处的同事，还有睡一个宿舍的舍友。

我离开的时候，我的室友跟我说："以后回寝室，我可能会以为你还在，会习惯性地喊你的名字，等没有人回应的时候才反应过来你已经离开了。"她说这句话的时候，我有一种想留下来的冲动，有一种不要喜欢的工作、不要新生活的念头。可是，箭在弦上，不得不发。几个月前我决定离开现在的工作单位，不是因为赌气要离职，也不是突然就想离开，一切都是深思熟虑的结果。

我们总是不断地说再见，可又在不再见的日子里怀念着曾经，然后努力安慰自己，舍得是有舍才有得。

4

人有悲欢离合，月有阴晴圆缺。

天下无不散之筵席。分别，是为了心中的那些不安分的念头，想要改变，想要撞南墙。就像很多人会离开家乡，离开父母，选择漂泊在大城市，因为出去是为了更好地回来。而我选择换份工作，只是为了更好地接近心中的那个自己，再见，不是再也不见。感谢这场相识与相遇，珍惜一起度过的点点滴滴，在彼此的心里留下过痕迹，就足矣。

别难过了，会有机会再见的，以后的我们也会更好。

不安和焦虑，给我一往无前的勇气

1

在深圳的最后一个晚上，我追完剧已经凌晨一点多了，躺在宾馆的大床上，我失眠了。

套间里的落地窗，让我能看见这座城市的一小部分夜景。繁华美丽，晃得我不想离开，真的是去了更好的地方才看得到自己的差距。而我也许根本没有资格留下，自卑、不安、焦虑、无法入睡。什么时候我才可以过上自己想要的生活，才可以随心所欲，留在自己喜欢的地方呢？此时此刻，没有答案。

2

在广州、深圳的这几天，全是朋友热情招待，每天都是吃完饭去 KTV，凌晨两三点回到酒店，每天除了吃喝玩乐就是睡。这样的生活，我很不习惯，或者说我不敢去触碰，我怕自己就此喜欢上这样消磨时间的生活，从此再没有目标和梦想。

我曾听到有人感叹："有时候想想，上天真的好顽皮啊，偏偏要让人在穿衣服最好看、开车最帅、环游世界最有体力的时候又刚好最穷。"这是事实，但更多的是给我们这些年轻人的忠告，如果你什么都没有什么也做不了，那就要去努力；如果你很幸运要什么有什么，那就要珍惜你目前所拥有的，要明白这一切都是来之不易的。

因为我一无所有，所以才会不安于现状，会时不时焦虑自己的无能。有焦虑代表着我不甘于现状，代表着我的生活是五颜六色、多姿多彩的。如果我的不安和焦虑消失了，也不见得会过得舒坦一些。没有不安和焦虑，也许整个人会变得麻木，没有难过但也没有快乐。

很多人喊着减肥，不过是句口头禅而已，转身就忘。往后照样该吃吃，该喝喝。真正的决心，都藏在沉默里。但过多的不安和焦虑，它们会像只无形的手掐着你的脖子使你窒息，使你不得不与它抗衡。我窒息着奔跑，我相信最终我会甩开那只手，越跑越舒畅，越跑越勇敢。

3

王小波曾经说过："人的一切痛苦，本质上都是对自己无能的愤怒。"既然痛苦，就要改变，改变无能的自己，而不是忽略痛苦、假装忘掉痛苦，麻木地面对生活。用你豁出去的决心以及一往无前的勇气找适合自己的位置，哪有什么无法得到的东西和跨越不了的地方，足够勇敢和持续努力便可以去任何你想去的地方，得到大部分你想拥有的东西。

带着惶恐不安，带着一身的狼狈不堪，我想要改头换面，想要一个触手可及的未来。没有不甘心和不公平，所有的不解都有答案。不相信又不甘心，相信又没有决心。

如此一想，真的好痛苦。正是因为痛苦，我一遍遍告诉不安的自己，我可以拯救自己，就像廖一梅坚信，人应该有力量，可以揪着自己的头发把自己从泥地里拔起来。

我们都应该相信：越努力越幸运。

不是青春无悔，是你别无选择

1

我上大学的时候有个学姐叫小清，人长得美又很好说话，很受大家的欢迎，我由于经常在她面前刷存在感，因此加了她的微信。毕业之后我们几乎没有了联系，前几天我去她工作的城市玩，特地约她出来吃饭。

学姐还是那样漂亮，褪去了学生气息，多了几分成熟，我以为这样一个优秀的姑娘，她一定能得到好的恋人和爱情，然而我听到的事实却截然相反。吃饭期间，学姐一直在打电话，后来得知是她的男朋友去参加一个婚礼，婚礼以后却迟迟不归，我很惊讶，学姐不是那种离不开男朋友的小女人，怎么会一直打电话催着男朋友回来呢？

她说她遇到了一生中最舍不得放开的人。她说她知道自己不该一直催，应该给彼此一点儿私人空间，但是她控制不了自己，她很怕，怕他转身离开。我突然就理解了一句话：不是青春无悔，是你别无选择。

2

很多时候，我们遇见一个人，其实那个时候我们心里就明白，在劫难逃了。爱上一个人，他对你做的任何错事都可以妥协都可以原谅，哪怕伤害自己委屈自己。青春有后悔才有遗憾，但事实是我们走进一条不能回头也不愿回头的路，痛苦也只想往前再往前。

小清学姐说："等你遇到那个人你就会明白我现在的心情了，就算是飞蛾扑火，我也在所不惜。"

她的话让我想起了另一个姐姐，暂且叫她小桦吧。小桦是我小时候的女神，我上小学的时候，她已经大学毕业而且在本地的公安部门上班，人长得娇小玲珑，家里还有钱。

后来她遇到了一个人，那个男人是个混混，没读过几年书，很多字也不认识，但长得眉清目秀一表人才，他对小桦很好，很疼爱小桦。小桦刚开始和那个男人在一起的时候很幸福，两个人还一起创业赚钱，小日子过得很滋润。但现实永远比电视剧情更加狗血。

五年以后，小桦和那个男人订婚了。原本以为之后还能参加他们的婚礼，他们能幸福一辈子。结果订婚不到一年，由于男人想要给小桦更好的生活，于是独自出门闯荡，可天不遂人愿，他创业失败，欠了一屁股高利贷。

小桦低声下气为他借遍所有的亲戚于事无补，男人走投无路自首坐牢，判了十年。

当时的小桦已经怀有身孕，她的爸妈逼着她去堕胎，跟男人断掉联系，可小桦的心里还是爱着他，她想等他回来。但是那个男人却根本不值得她等，小桦堕胎以后郁郁寡欢，谁知道就在她堕胎不久，那个男人在外面的女人抱着一个孩子住进了小桦曾经住过的房间。

小桦对那个男人再也没有执念了，她已经失去了自我，从她遇到那个男人的那一刻起，她就已经无法掌控自己的命运了。

不是不爱了，是不能再爱了。小桦回忆起从前的点点滴滴，好像做梦一样，看似幸福简单的生活却将她的心千刀万剐。

如果每个人都有自己的劫难，每个人都会经历不同寻常的痛苦，那小桦的劫难便是用她最宝贵的几年爱上了一个错的人，从此以后，她都不会像之前那样爱一个人了。

3

我们年轻，所以奋不顾身地去爱又遍体鳞伤地缩回去，像一只乌龟，外表坚硬内心柔软。总是忍不住好奇，想探出去看看，踏出壳以后得到了前所未有的自由和轻松，认真学习爱感受爱。殊不知我们都是任人宰割的一员，选择了一个人一条路就无法退缩了，身不由己地卷进命运的齿轮，是喜是悲，全部都要接受。

哪有什么青春无悔，是遗憾、痛苦、百感交集后我们别无选择，只能假装说一句云淡风轻的话。

风吹散了誓言，我们的爱不复存在。希望学姐小清早点回到自己的"壳里"，做那个优秀的、不会轻易受到伤害的"小乌龟"，遇到值得爱的人；也愿我们每个人的青春，都了无遗憾。

成长不是等待痛苦过去，而是学会自我治疗

1

朋友圈有人说：成长不是等待痛苦过去，而是学会自

我治疗。我觉得说得很对。每次提到成长，我都会觉得沉重。我不知道别人的成长是怎么样的，但有一点可以确定，它一定不是轻易可以跨过的。

看过郭敬明小说的人都知道，他小说的整体风格是很悲伤、忧愁的，讲的是懵懂成长中那些又真实又让人心碎的故事。之前去影院看电影的时候，无意间看到《悲伤逆流成河》的预告片，里面充满着压抑还有对痛苦声嘶力竭的呐喊。其实成长很痛，但破茧成蝶很美。我记得那部小说的结局是女主角自杀了，因为所有人都说她害死了女二号，她无法解释清楚，被误解成杀人犯的痛苦她承受不了。哪怕她稍微坚强一点，内心强大一点，都可以不用通过死亡来摆脱痛苦。成长是一场暴风雨，学会自我疗愈便是一把伞，会撑在你内心柔弱的地方。

2

海明威说过，那些受伤的地方，一定会变成我们最强壮的地方。

我想起我小的时候的各种被误解被冷眼相待，我以为我一辈子都会这样暗无天日地活着，那个时候觉得生活好痛苦，但现在想想，那只是我人生一段小小的经历而已。

如今，我反而喜欢上了这种日复一日不太如愿的生活，因为它一次次地让我越挫越勇，让我的内心变得越来越强大。曾经的我是弱不禁风的，一丁点儿伤害对我来说都是暴击，可现在，天大的事我也能承受得住。

受伤了要看医生要包扎，然后等待它结痂自愈。成长的痛苦也一样，你等不到它自行离开，就让自己更强大，学会自愈，吞噬痛苦。自我疗愈是缓慢的过程，不能一蹴而就，等你撑过去的时候，就是你自愈成功的时候。

3

想起我之前在微博上认识的因为高考失利得过抑郁症的姑娘珍珍，她说她来自很小的县城，当年把高考当作人生中至关重要的一步，可在关键时候她却搞砸了。

高考后，同学们都在聊大学，聊报考的专业，只有她坐在家里，对着一圈一圈转着的电风扇发呆，眼泪一直流。她痛苦到无处发泄，父母忙着上班，他们也没空去发现她的不对劲。好在当时她爸爸的朋友建议她去读一个专科，本来就心如死灰的她顺从地听取了爸爸朋友的建议。到了学校之后，她也毫无活力毫无上进心，在学校里喜欢一个人独处。她以为读完几年专科，回小县城找一份普通的工作，人生就这样了。

直到有一天，她无意间走进了学校图书馆，在那里改变了她一直以来根深蒂固的看法，也因为那些书，让她自愈了痛苦，重燃起斗志。后来，她拿全年奖学金，还专升本，毕业后在大城市找到了一份心仪的工作。

她说本来已经站在了悬崖边缘，差一点就承受不住压力和痛苦要往下跳了，谁知道当你换一个心态的时候，一切都变得美好了许多。

你以为自己无路可走，已经走进了死胡同，殊不知其实还有路，只是你已经没有信心去找了，一旦你转换了心态，你会发现处处是道路，处处是机会。

4

珍珍一直都希望通过高考离开小县城，开展自己不一样的人生，可上天跟她开了个玩笑，她以为无法实现自己的人生理想了，于是任凭痛苦占据了她全部的生活。只是后来她发现了治愈她的"药"。她的"药"就是书，那些书帮助她疗伤，陪伴她度过痛苦，让她重新站了起来。跨越痛苦后，她再也没有眼泪了，只有夜以继日地努力。

厦门大学邹教授曾说："离开大学，最要紧的是记得开窗子。你未来可能很穷，家徒四壁，也可能很成功，墙上挂满了奖状。无论如何，你都要提醒自己，你看到的不过是四堵墙，它们并不是你生活的全部，如果你勇于和善于在墙上开窗，你就会看到一个又一个新世界。开窗子可以看见新世界，可是疗愈自己才可以拥有开窗的能力。"

眼界的大小，决定我们能走出多远

1

我第一次明确体会到外面的世界，知道外面的世界是可以到达的，不是因为网络，是我中考失利那年，我们村有一个大爷向我炫耀，说他孙子考去了美国的学校。

我当时别提有多懵了，那时的我的脑子里，美国很远，远到只是一个名字一个代号，它不可以去，也不能到达，现在想想当初是真傻。我不知道别人怎么想，但至少对当初的我而言确实是这样。美国，它就只是"大富翁"（一种多人策略图版游戏）里，摇骰子就能跳到的地方，没有任何遐想空间。因为我从出生开始，接触的就是最底层的生活，我们吃的米饭，吃的蔬菜水果皆是自己种的，一方水土，自给自足。我来自农村，一个很小的村子，从小学到初中一直就在那里学习和生活，根本不觉得外面有世界，也根本想象不到外面的世界有多美好。

高中之后我才慢慢地通过阅读，打开了世界的百宝盒，原来，我所处的地方，只是世界的一小块。我逐渐认识到，我们终此一生不是要摆脱他人的期待，而是要进行自我思想上的救赎，然后一往无前，马不停歇。

2

伍绮诗说："我们终此一生就是要摆脱他人的期待，找到真正的自己。"说得是很对的，但她这段话要建立在家庭环境不错、父母文化程度较高的基础上。这些父母要求孩子去建立属于他们自己的、独特的、更好的人生。

但在我们这些小地方，大人对孩子最大的期待就是好好念书、毕业工作、回家结婚生子。他们认为这样的人生就已经很圆满了，我个人认为，现在大部分年轻人对这种人生的期待应该很小。很多时候，我们活着，并不只是为了活着。我们要亲眼看看外面的世界，由此改变我们从小到大根深蒂固、狭窄的眼界，再从思想上救赎自己。

记得之前拜读路遥的《平凡的世界》时，主人公孙少平写给妹妹兰香的信里有一段话让我记忆深刻，他写道："我们出身于贫困的农民家庭——永远不要鄙薄我们的出身，它给我们带来的好处将一生受用不尽；但我们一定又要从我们出身的局限中解脱出来，从意识上彻底背叛农民的狭隘性，追求更高的生活意义。"句句在理又让人感同身受，这正是作者写给我们这些普通人的信。

3

我刚毕业的时候，去杭州工作过两个月，在我舅舅的茶楼里打杂，每天都很累很辛苦。在那里我遇到了形形色色的人，他们大多数都是有身份有地位的老板。

我还记得一个茶楼股东，冬天的时候，她跟我说了她的一些思考方式和思维观点，那时候我就深深地感受到了我们之间的差距，是无法言明又悲哀的思想上的差距。他们的眼界以及生活方式，都是当时的我无法企及的。

当我迫不得已准备回家工作的时候，舅舅很无奈地对我说了一段话："回到那里，你的生活会很轻松，但其实就是混日子，特别是女孩子，到了年纪就该结婚生子，一辈子就可以望到头了。"我当时特别理解，但又不得不回家。表面上我是被家里催回去的，但我很清楚，其实我是自己落荒而逃了，我认为自己一没学历，二没经历，配不上那里。归根结底，是我眼界窄我退缩了，宁愿回到很小但很熟悉的地方，也不愿意去开拓新领域。

眼界有多大，野心才有多大。如今想想，肠子都悔青了。

4

在杭州的那段日子，刚开始的新鲜感逐渐被朝九晚五的生活所取代，我越来越烦躁不安，因为我感受到自己正在走下坡路，很轻松的同时也带给了我不祥的预感。

我总觉得我得做点什么，绝不能坐以待毙。于是，我利用空余时间，重拾了上学时期的梦想——写文章。最初的时候，我写得很烂也没有头绪，到现在，我几乎每天都要求自己写一篇，不论好坏，因为只有写了，才能看到自己的不足，之后才能逐渐进步，而且我想着等我老的时候，这些文字便是我的记忆，是我一生中骄傲的存在。

怎么说呢，写文章是我提高眼界的一种方式，它促使我每天都在思考，可以和别人的观点进行不断地碰撞，不停地去阅读汲取新的知识，最终形成模式，通过文字梳理出来。

这个过程很神圣，它使我向往更自由更广阔的生活，内心生出一股力量，让我相信自己可以做到，并且做好。此时此刻，我一无所有，但是又好像拥有着很多，我相信是因为那股力量的缘故吧。

现在过得越轻松，以后的日子越不好过

1

小时候以为长大很好，可以买自己喜欢的东西，穿漂亮的衣服，留一头茂密的卷发，踩着几十年都不变的帆布鞋，整个人纯情又生动。如今长大了，可以买漂亮的衣服穿，可以烫卷发，这好像真的是我期待中的生活了。可这也恰恰是它的狡猾之处，漂亮的衣服有很多，实在好看的我买不起，卷发知性优雅，可是不好打理，我也没工夫去弄。

越长大越发现，我们一直活在自己的想象里。生活从来不轻松，一点都不。反而是当年那些羡慕憧憬着长

大的日子，才是我们最轻松愉悦的时刻。可是我们已经长大了，要面对残酷的生活本身，还要跟自己说要永远年轻。

原本以为生活是越过越轻松的，可当我为了工作为了生活焦头烂额的时候，当我面对许许多多无能为力的时候，当我失去一个又一个朋友的时候，我就知道了，生活从来没有给过谁特权，你现在过得越轻松，以后的日子越不好过。

2

我的同学小雅，上学的时候我们没少羡慕过她们家，因为她的吃穿用度都很好，在我们所有人的认知里，她家很有钱，日子过得很好。

之后听说小雅家出事了，班级群里早已炸开了锅。翻看了几百条消息记录，我才知道原来小雅一家把我们所有人都给骗了，她家根本没有钱，跟我们一样是普通人家，后来她家出了一点事，全靠向亲戚朋友们借钱来支撑，借了之后也不想办法还，如今已经欠下巨款无力偿还，只能到处东躲西藏。

同班同学八卦完，也不禁感叹，小雅以后应该比较难了，遇到那样的父母，他们从小到大一直给她营造一种生活轻松的假象，她被养成了温室里的花朵，根本禁不起风吹日晒。

如果真的像他们家认为的那样，不用努力不用劳动靠一张嘴借得到钱，就可以获得高品质的生活，那对那些踏踏实实赚钱、有能力有才华的人来说公平吗？凭什么人家辛辛苦苦打拼下来的钱要给你花，还花得那叫一个舒畅，一点都不心疼！

你根本不知道，钱有多难赚。

3

我们必须清楚一点，你想要什么样的生活就要自己去创造，而不是等待施舍，等待一蹴而就的成功。

相信自己能干大事，终有一天会变成有钱人是很棒的想法，它能激励你努力努力再努力。但不要搞错了，光想不做，像小雅的父母那般好吃懒做，是永远不能如愿以偿的。

他们觉得自己很努力了，努力地维持生活。可世界上哪有那么轻松的努力，轻松的背后是你无法想象的代价。

如果你最近的日子越来越难过了，那么恭喜你，以后的日子会越来越好过。此刻的努力，是为了以后的安逸。年轻也好，不年轻也罢，生活它很公平，你扛的越多，得到的也越多。就好比是你去工厂搬砖，搬一块砖是 5 元钱，你搬了两块却想拿 100 元钱，能不能不要太天真。你当人家是傻子，还是承认自己是个傻子？生活也是一样，你承受得越多，收获才会越多，世界上没有真正轻松自在的生活，你看到的那些也许是努力过度的人在疗养。

据我所知，每一个看似过得很好的人，背后的努力绝对不会少，只是他们不愿意分享痛苦而已。

4

总而言之，人越长大承受的东西就越多，如果你想早点摆脱痛苦，那只能通过勤奋努力，让自己更聪明更有能力，然后杀出一条属于自己的阳光大道。而自作聪明的人，终归是摆脱不掉痛苦的。

不要贪恋美梦，落得醉生梦死。一旦你卸下防备，全身心地享受美好生活的时候，恰恰是你最危险的时候。禁不起诱惑，就只能被生活吃干抹净。

精神上冥顽的愚昧，会死死钳制你的人生

1

前几天做笔记的时候有句话让我念念不忘：说话有口音不碍事，不认识山羊也是小事，怕的是精神上冥顽的愚昧。

我尝试着把身边的一些人放进这句话里，发现竟然非常合适。原来不是我们愚昧，我们只是不认识山羊，而他们就只认识山羊而已。什么意思呢？就好比城里人去农村，对农村的东西不了解，农村人就沾沾自喜地认为他们很蠢，这都不知道。这其实就是精神上冥顽的愚昧。

我认识的一些人也是如此，他们在某一些方面懂得很多，人脉也广，但是故步自封不说，还觉得自己可以碾压大部分人，对大部分抱有鄙视的态度而只对少部分人表示应有的谦卑。

真正有能力的人，无论对待谁都保持着谦逊，他们从不骄傲，也不会轻易地看低谁。

2

　　我的同学小青，高中的时候成绩并不好，但是她并不在意，因为她高中就利用课余时间开起了小卖铺，赚了点钱，比同龄人多了个小金库，因此她认定自己就是做生意的好料子，这是第一步。

　　上了大学后，她也没有危机感，一点都不上进不努力，她总觉得上大学就是在浪费时间，施展不了她的优势，她认为自己的人生应该是波澜壮阔的，这是第二步。

　　她身边的人，不是傻乎乎地埋头苦读，就是随心所欲地败家。她觉得自己不属于这两类，她是独立的、优秀的、聪明的，这是第三步也是最后一步。

　　人一旦志得意满，根本看不到自己的缺陷。就像你永远叫不醒一个装睡的人，他们也很难意识到自己的愚昧无知，别人越提醒，越是不愿意承认。

3

　　谦虚使人进步，骄傲使人落后。真的一点儿也不错，太骄傲的人会听不进别人的意见，找不准自己的定位，很容易迷失自己。我刚刚开始写作的时候，机缘巧合认识了一个写作大神，她粉丝很多，稿费收入也不错，当时我找不准方向，很是崇拜她，还去请教了她一些问题。

我加了她的联系方式后，她跟我分享她的写作经历，写作成就等等，还建议我跟着她写网络小说，当时我犹豫了，没有拒绝也没有接受。之后慢慢接触以后我发现原来是我太崇拜她了，她只是在一个领域成就不错，其实她的行事作风特别古怪。她经常批判她不是很了解的领域的作者，她根本不了解那个领域却摆出一副高姿态。之后还有很多狂妄自大的行为逐渐出现，我偷偷删了她。

我不知道该怎么提醒她，她是写作很多年，是有收入有粉丝的大神，而我只是一个人微言轻的小作者，我没资格也没底气去评论她。

如今，那个大神的 ID 我已经忘记了，但这件事情给我的震撼我忘不了。它一直提醒着我，精神上的愚昧是一种顽疾。

4

有句话说："一个人要是太把自己当回事，别人未必把你当回事，你要是把自己不怎么当回事，人家才会把你当回事。"有时候确实如此。

如果一个有能力的领导者，要处处彰显自己的聪明才干，太把自己当回事，根本不会有人愿意兢兢业业地为他工作卖命。反而是那些说着以后多多指教、处处谦让的领导更招人喜欢。

而一个有能力却愚昧的人，也是不讨喜的。那样的人太固执、太骄傲、太看不起身边的人了。他们会有一种自带的优越感，觉得自己特别厉害，没人能比得上自己，却不知道，停止进步就是退步。

逆水行舟，不进则退。一个人，是永远都学不完东西的，而且生活和工作中人人都可能是你的老师，上到大领导下到清洁工，各自领域不同，教给你的东西也不同。

你的人生也许可以更完美，所以千万不要尝到一点甜头便不思进取，把自己禁锢在已经很优秀了的饱和状态里。殊不知，过几年，你就被人狠狠地甩在后面了。

成长这条路，没人能一直陪伴你

1

想必很多人都听过一句话："陪伴是最长情的告白。"我也曾以为我遇见的人是为我而来，教会我爱与被爱、生活以及成长，能一直陪着我。

渐渐长大后才发现，没有谁能一直陪伴我们。记忆中第一个离开我的人是爷爷，在我还不明白死是什么概念的时候，他就永远地离开了我。他陪我长高，我却没能陪他变老。

从他离开的那天起，我开始不断地跟人告别，跟那些我原以为永远都不会离开我的人郑重地说再见。

每个与我相遇的人，都会教给我一些东西，又随着时间的流逝，不知不觉他们就走了，走得很慢却很远。以后能不能再遇见我也不知道，所以我开始习惯珍惜我所遇见的人，希望在有限的时间里留下美好的难以磨灭的印记。

2

我想起了我的一个同学小肖。一个被我幻想得很美好的暗恋对象，他曾陪我度过很多个孤独的夜晚，陪我聊天听我抱怨，在那个孤立无援的冬天，他就是我能感受到的唯一的温暖。

冬天过去后，我不再那么需要温暖。可我还是鼓起勇气，在春天的末尾，赶最后一辆公交车去见了小肖。后来，在我一直纠结于是他推开了我还是我推开了他的时候，我们在第二个冬天里失去了联系。

前些天清理微信的时候，我把他也删掉了。失去联系后的我们，就像两个陌生人。我一遍遍地点开他的头像和空白聊天记录，却一个字也不发。很想感谢他陪过我的那些日子。谢谢你，让我有勇气去见陌生人，谢谢你，教会我忍耐与看淡，教会我更成熟地去面对大人之间的矛盾。现在，我也是个大人了。

我们曾经在网络里互相陪伴，又在现实生活里各自回家。你一定要记得好好吃饭，好好睡觉。

3

想起当年很照顾我，对我的学习成绩很关心的班主任老夏。我当时就在想，以后毕业工作了，一定要经常回去看他，给他买当季的水果，和他寒暄近况，好好地感谢感谢他。

不过，老夏教了我们两个学期就走了。他都没有带我们到毕业，就回老家结婚了。此后，我就再也没有见过他。记忆中的他总是戴着黑框眼镜，高高瘦瘦的。冬天的时候教我们解数学难题，接过我们手中的黑色水笔时，会提醒我们多穿衣服，少吃零食。

他讲课的时候总是风趣幽默，不严肃，不刻板。我们全班都吃这一套，我们对他教的数学课总是积极又热情，班级总分也从未给他丢过什么脸。

那一年，我们大家度过的是充实快乐的一年。而我还有被重视被严厉鞭策的窃窃欢喜，伯乐相马，马便不会停歇。

老夏，谢谢你！让我看见一个更好的自己。

4

露露，是我小时候最好的朋友。那些年爷爷还在世，家门口小径上的杂草能高过我们的腰，每天放学，先到我家门口，她再从那高高的草丛里穿过去，走很长的路回到她的家。

我在门口看着她走，她也总要回头看我。她当时对我说："我们永远都不要分开。"那种难以言喻的情感，让我特别不舍，眼睛好像着了火。我想我们会是一辈子的好朋友。我住过她家，她也住过我家。在大家眼里，我们真的就是一对长相不相似的姐妹，天天形影不离。

爷爷去世的时候，我们已经不在一个班里，一整个学期都讲不了几句话，碰到了也不打招呼，还故意跟自己身边的朋友聊得起劲。

那天我把她叫到楼梯口，告诉她我的爷爷去世了，就像告诉家人那样。我觉得我们曾经是一家人，爷爷去世了，我想露露也有权利知道。已经忘记她当时回了什么话。毕业以后，我们就彻底失去联系了。我失去爷爷时，才惊觉我也许也失去了露露。

你看我的这些年，一直在成长，可是没有人一直陪伴。除了珍惜在一起的时光，真的别无选择。

人生尔尔，幸福感比什么都重要

1

我妹考上重点高中后，从以前的名列前茅变成了班级倒数，我安慰她说刚开始有差距不要怕，说明你还有很大的上升空间。其实我非常理解，因为小学初中，城区和城镇的教学方式不一样，就连教师资源也无法相比。她刚开始就和别的同学有一定的差距，要想超越，不是件易事。我看着她一路过关斩将考上重点初中、重点高中，现在又开始了新的征程，不免感慨人生就是一次又一次的跋山涉水，到达一座山的山顶，再启程去另一座。

有天晚上，她在做作业，突然自言自语地说："测验一次进步一名就很满足。"我听完后心里想，持续进步着，再一步一步得到自己想要的，那种感觉可真好。想想也是，人生尔尔，想要的就去努力得到。

2

也许现实磨灭了你对生活的热情，击碎了你不切实际的梦想，但你一定有你想要做的事，哪怕是和家人坐在一起吃顿饭这样的平凡小事，又或者想送恋人一套心仪已久的手办模型这类的小东西。

可是，时间和金钱让那些看似简单又不能马上执行的事情越来越多，年年月月累计叠加，我们想要的好像逐渐变少了，也越来越难以实现。

如果想要的太多了，就一个一个来完成。我个人实践的总结就是，完成一个从心里划掉一个，心理压力会慢慢减少，幸福感也会提升很多。当你心情低落的时候，你可以告诉自己，其实也没有那么糟糕，因为已经得到一些心心念念的东西了。

我们每个人最终的结局都是尘归尘土归土，我们最终的归宿也是早早就被安排好了。所有人都明白这个无法改变的事实，那为什么不在有限的时间里，放下束缚，尽量活得开心一点幸福一点呢？

3

我记得有部电影叫《海街日记》，主打治愈。电影讲述的是三姐妹在父亲去世后，接纳了同父异母的妹妹，最终共同生活的故事。

最小的那个妹妹叫浅野铃，她生活在父亲和第三个女人的家里，也就是和后妈生活在一起，可以说从小没有和自己的妈妈生活过，稍微懂事点，十几岁的时候，父亲却得重病去世了。

父亲去世的时候，他第一个妻子生的三个女儿也参加了葬礼，那是大姐香田幸第一次见到同父异母的妹妹浅野铃，却在离开的时候提出了让她和她们一起生活的意见。

浅野铃才十几岁却非常沉稳懂事，做事可以和大姐相比，她照顾生病的父亲，还帮忙照看后妈的儿子，我想这也是大姐想要照顾妹妹的原因。她觉得妹妹操心的事太多，她还那么小，不应该承受那么多。

电影的后半部分，浅野铃逐渐展露笑容，回归一个十几岁小女孩该有的朝气蓬勃。

4

我们很多人，因为家境、因为遭遇、因为很多不可描述的经历，变成一群表面过分美好，内心却极度压抑的人。就像有一根绳子缠绕着你一样，时常让你喘不过气来，但是拉紧绳子的是谁？是你自己。

想要赚很多钱的你，兢兢业业工作攒钱，你可不可以从银行卡里取点钱，为自己买下一件心仪已久的东西。

想要让父母过上好生活的你，忍着泪在外打拼，你可不可以买一张车票，回家和父母吃顿饭，反正你那么努力，父母迟早会过上你给的好生活。

想要很多很多的你，不要着急，着急没有用，不如用力过好每一天每一个小时，充实地生活和工作，反正你那么认真努力，我相信你终有一天会得到你想要的。

在此之前，请轻声地对自己说："人生也不过尔尔，有什么好难过的，有什么能比每天都在捕捉幸福更开心。"

罗丹说过，生活中不是缺少美，而是缺少发现美的眼睛。同样的，世界不是缺少优秀的人，而是缺少发现努力背后真谛的人。真谛就是充实幸福地度过每一天。